國語國文學叢書 059

七大萬法 靈驗略抄 勸念要錄

학자원

국어국문학총서 59

七大萬法 靈驗略抄 勸念要錄

2017년 11월 25일 초판 1쇄 발행

편　자 : 미상
펴낸이 : 김병환
펴낸곳 : 학자원
주　소 : 134-814 서울시 강동구 천호대로 1121
전　화 : 02) 6403-1000
팩　스 : 02) 6338-1001
E-mail : hakjaone@daum.net
등　록 : 2011년 3월 24일 제324-2011-14호

HAKJAONE Publishing Co.
1121 Cheonho-Daero Kangdong-Gu Seoul

ISBN : 979-11-6247-005-3　93220

값 25,000원

七大萬法

洪 允 杓

七大萬法은 一五六九年(宣祖 二年, 隆慶 三年)에 慶尙道 豊基의 喜方寺에서 간행한 책으로, 모두 二三張으로 되어 있는, 著者未詳인 一卷의 木版本이다. 이러한 사실은 이 책 [illegible]의 「隆慶三年己巳五月日 慶尙道豊基地小伯山池叱方寺開板」이란 刊記로써 알 수 있다. 이 책의 版木이 喜方寺(池叱方寺)에 간수되어 오다가 一九五一년 兵火에 月印釋譜 卷一의 版木과 함께 불타고 말았다. 이 책은 漢文의 原文이 없는 國漢混用文이어서 諺解된 것으로 보기는 어렵다. 原刊 이후의 重刊本은 없다.

七大萬法은 板匡이 일정치 않아 施主者에 따라 板刻을 달리 한 것으로 보인다. 그리고 九行으로 되어 있으나 字數도 同一하지 않다.(보통은 一八字다)

半葉匡郭으로 四周單邊, 上下黒魚尾, 有界로 되어 있고 版心題는 「七大」다.

眞如世界, 三身如來, 惺寂等持의 三부분과 刊記 및 施主記로 되어 있는 이 책은 地水火風空見識의 七大가 調和를 이루어 宇宙萬物을 形成함을 밝히고 이것이 곧 佛性임을 말하고 있다.

이 책의 表記法上의 特徵을 보면 대략 다음과 같다.

(1) 傍點이 表示되어 있지 않다. 慶尙道方言의 要素를 많이 반영하고 있으면서도 傍點 表示가 없는 점이 이상하다.

(2) 漢字音 表記가 없다. 그러나 때로 漢字를 쓰지 않고 漢字音만 밝혀 쓴 예들이 보인다.

仁字는 사름 인 변ᄂᆡ 두 인字ㅣ니(12a)

(3) 봉은 「愛著를 븐」(16a)가 唯一例가 보일뿐 이미 「더러운」(15a)등과 같이 탈락되었다.

(4) 「ㅇ」과 「ㆁ」이 區別되어 사용되었고, 「ㆁ」을 올려 쓴 例가 보인다.

ᄒᆞᆫ더이(19a)~ㄷ, ᄒᆞᆫ뎡이(22b)

(5) 순수국어에도 「ㅿ」이 사용되나 「ㅅ」으로 변한 예도 보인다. 「ㅇ」으로 변한 예는 보이지 않는다.

이것은 아마도 慶尙道 方言의 영향인 것으로 보인다.

ᄉᆞᄉᆡ예(4a)~ㄷ ᄉᆞ시예(4a)

기슨(1a), 가ᄉᆞᆷ하(17b), 겨ᄉᆞ레(17b)

어버ᄉᆡ(21a)~ㄷ, 어버시도(21b)

(6) 語頭子音群 表記는 ㅅ系, ㅂ系, ㅄ系가 보인다.

ㅺ…ᄭᅥ메(3b)
ㅼ…ᄯᅩᇰ(1a)、ᄯᅡ히(1b)、ᄯᅩ(3b)
ᄲ…ᄲᅥ(2a)
ㅳ…ᄩᅳᆯ(5a)、ᄩᅥ든(18b)、ᄩᅳᆯ(22a)
ㅄ…ᄡᅡᆯ(3a)、ᄡᅳ디(16b)、ᄡᅳ니(17b)
ㅶ…ᄶᅩ가ᄅᆞᆯ(3b)、ᄶᅵ지디(16b)
ㅷ…ᄞᅢ혀(3b)、ᄞᅢ디혀(8b)、ᄞᅡ(9a) ᄞᅡᆯ(17a)
ㅴ…ᄢᅳ려(3b)、ᄢᅢ디(22a)

(7) ㆆ이 보이지 않아 「ㄹ」뒤에서는 「ㄹ시」의 形式만 나타나고 「ㄹ써」의 形式은 나타나지 않는다。

(8) 慶尚道方言의 반영이 많이 나타난다。즉「통시」「머섭」「이붓」「실겨」「간초와」등이 그것이다。
통시예 똥이로라 ᄒᆞ고(13a)
겨집子息은 제 ᄆᆞ수믈로 돈니다가 이붓 짓 머섭 사피야(21b)
온피며 술위예 실겨(13b)
간초와(14a)(이는 「ㅊ」밑에서 「ㄴ」이 첨가되는 까치>깐치、여치>연치 등과 同軌의 것이다。)

(9) 「ᄀ」音이 語頭에서 탈락하는 모습이 보이는 바、이것도 경상도방언의 영향으로 보인다。
우석구서긔셔(7a)
고ᄒᆞᆫ 가지아짓 내믈 마ᄅᆞ라 주시고(10b)~cf、가지가짓 일홈(13a)

(10) 同一子音의 二重表記가 많이 보인다。ᄒᆞᆫ나ᄒᆞᆫ(2a)~ᄒᆞᆫ나ᄒᆞᆫ(3b)、萬物리(1b)~萬物이(1b)
眞色기라(3b)、淸淨法身佛리라(2b)、萬物를(3a)、萬物를(3a)子息기(15a)

(11) 共同格「과」는 ㄹ 앞에서 「와」가 되며、「과」가 母音 뒤에서도 쓰인 예가 보인다。
돌와 구슬와(5a)修羅과(16a)

參考文獻

李基文(一九五九)、十六世紀國語의 硏究、文理論輯(高麗大)四輯
安秉禧(一九七九)、中世語의 한글資料에 대한 綜合的인 考察、奎章閣 三輯。

靈驗略抄 解題

洪 允 杓

靈驗略抄는 大悲心陁羅尼、隨求即得陁羅尼、大佛頂陁羅尼、佛頂會勝陁羅尼의 네가지 眞言을 모아 諺解하여 1485年(成宗 16年)에 乙亥字로 刊行된 책이다。

原刊本은 전하지 않고 乙亥字本을 覆刻한 單行本이 漢文의 原典 없이 1550年(明宗 5年) 慶尙道 豊基 哲庵(喜方寺)에서 刊行된 木版本이 전하고 있다。本影印도 이를 底本으로 한 것이다。

이 책은 원래는 漢文의 原典과 함께 五大眞言에 添付되어 있었던 것으로 보인다。왜냐하면 이 靈驗略抄의 版心題가 五大眞言과 마찬가지로 「五大」이고 그 張次도 施主記가 107로 되어 있어 五大眞言에 계속되고 있기 때문이다。뒤에 붙은 學祖의 跋文을 보면 「成化二十一年 乙巳夏山人臣學祖敬跋」로 되어 있어 原刊은 五大眞言과 같은 1485年(成宗 16年)에 刊行되었음을 알 수 있고、施主記 앞의 刊記 「嘉靖二十九年 庚戌四月日 慶尙道豊基小伯山哲庵開板」으로 1550年에 重刊되었음을 알 수 있다。

이 重刊本 靈驗略抄는 서울大 古圖書 가람文庫 등 여러 곳에 所藏되어 있다。서울大 古圖書本은 책의 크기가 세로 26·5cm 가로 18·0cm다。四周單邊에 板匡이 세로 17·3cm 가로 12·6cm이며 有界로 12行 14字다。版心은 上下內向黑魚尾이며 版心題는 前述한 바와 같이 「五大」이고 跋文만은 「跋」로 되어 있다。靈驗略抄의 本文이 18張、跋이 2張、施主記 1張、모두 21張으로 되어 있다。

이 영험약초의 表記法上의 특징을 간략히 살펴 보면 다음과 같다。

(1) 傍點이 表記되어 있으나 약간 혼란되어 있다。
(2) 漢字音이 表記되어 있는데 이는 東國正韻式 漢字音이다。
(3) 「ㅿ」과 「ㆁ」이 쓰이고 있다。
(4) 그러나 「ㅸ」은 보이지 않는다。
(5) 各自並書 「ㅆ」의 例가 보임이 特徵이다。
　눈ᄍᆞᅀᆞ(4a)
(6) 「ㆆ」字가 하나도 안 보인다。단 漢字音表記에만 보인다。
(7) 挿入子音 表記는 「ㅅ」으로 統一되어 있다。
(8) 語頭子音群表記는 15世紀國語文獻의 表記와 同一하다。
(9) 激音化는 일어나지 않고 있다。
　갈ᄒᆞᆯ(10a)、ᄇᆞᆯᄒᆞᆯ(18a)

⑽ 各自竝書가 보이지만 冠刑詞形 語尾 表記에 終聲「ㄹ」을 쓰고 後行語의 初聲을 各自竝書로 하는 方法을 사용하지 않고 있다。

닐 실제(5b)、그럴시(7b)

이러한 表記法의 特徵은 이 文獻을 16세기 국어의 反映이 아닌 15세기국어의 反映인 문헌으로 취급하여야 할 것이다。이 영험약초의 表記法은「佛頂心經諺解」와 共通된다。그도 그럴것이 이 영험약초와 佛頂心經諺解가 같은 學祖에 의하여 같은 해、같은 체재로 刊行되었기 때문이다。

勸念要錄 解題

洪允杓

訓民正音 創制 以後 佛書를 諺解한 文獻들이 많이 남아 있지만、佛教說話的 要素를 지니고 있는 이야기들만을 모아 諺譯하여 놓은 文獻은 흔하지 않다。그 刊行動機가 어떻든 간에、王郞返魂傳을 비롯하여 十一個의 이야기를 모아 諺譯하여 엮어 놓은 이「勸念要錄」은 그러한 面에서 于先 그 價値를 認定받아야 한다。뿐만 아니라 여기에 表記된 國語資料는 十七世紀 國語에 對한 研究에도 寄與되어、事實上 이「勸念要錄」은 國文學的、國語學的 資料로서의 價値를 지니고 있는 것이다。

本書의 影印底本인 一簑本은 一冊 三十五張의 木版本으로、崇德二年秋七月初 吉日求禮地 華嚴寺開刊이라는 陰刻으로 된 刊記가 있다。仁祖十五年 丁丑(一六三七年)에 이루어진 이 勸念要錄은 가로 十六·三㎝ 세로 二十·五㎝의 半葉匡郭으로서、一簑本은 序가 빠져 있다。本書의 序는 華嚴寺에 保管되어 있는 板木을 刷出하여 온 것이다。

勸念要錄 속의 十一個의 이야기(① 王郞返魂傳、② 遠公結社傳、③ 闕公則現報傳、④ 烏長王見佛傳、⑤ 鄭牧卿執幡傳、⑥ 房翥勸他往生傳、⑦ 隋文皇后傳、⑧ 荊王夫人立化傳、⑨ 梁氏自明傳、⑩ 童女勸母傳 ⑪ 屠牛善和十念傳)는 部分的으로 다른 文獻 속에서도 發見되며、特히 王郞返魂傳은 桐華寺本、海印寺本、禪雲寺本、興律寺本들의 異板들이 있으나、本 勸念要錄內의 王郞返魂傳은 지금까지 發見된 것中 最古本에 屬하는 것이다。一簑文庫의 海印寺板인「彌陁懺略抄」에는 上記의 ① 王郞返魂傳、④ 烏長國王見佛往生、⑥ 京兆房翥勸他往生、⑦ 隋文皇后異香往生、⑩ 世子童女勸母往生、⑪ 屠牛善和十念往生의 六篇이、그리고 海印寺板의「念佛普勸文」(一九五四年 十二月一日 慶北大學校 大學院 國文學科 研究室에서 國語·國文學 研究資料 第二輯(其四)으로서 頒布한 일이 있다。)은「彌陁懺略抄」와 大同小異한 板으로 위의 六

篇中 ④와 ⑩을 除外한 四篇이 들어 있는바, 그 板도 똑같은 것이다。 彌陁懺略抄나 念佛普勸文이나 같이 「乾隆 四十一年 丙申三月日 慶尙道 陜川 海印寺開刊」의 刊記가 있다。 한편 「乾隆 十八年 十一月日 慶尙道大丘八公山 桐華寺開刊」의 刊記를 가진 桐華寺板에는 上記의 것中 「王郎返魂傳」만 들어 있다。 王郎返魂傳의 諺譯은 다른 여러 板들이, 그 時代的 差異에 따른 表記의 差에 不過한 느낌이 있으나, 다른 餘他의 內容에는 많은 差異를 가져 온다。 要컨대 勸念要錄이 直譯體의 느낌이 있다면 다른 것들은 意譯體的인 感이 든다。 이것은 王郎返魂傳을 除外한 다른 十篇의 原典이 中國것이라는 點이 밝혀졌다는 事實과도 連關을 가지리라 생각한다。

編者 懶庵은 一五一五年(中宗十年)에서 一五六五年(明宗 二十年)까지 살았던 虛應堂 普雨禪師를 가리킨다。 懶庵은 그의 號다。 一五三十年(中宗 二十五年) 十五歲때 金剛山 摩訶衍庵에 入山한 後 一五四八年(明宗四年)에는 文定王后의 信任을 얻어 奉恩寺 主侍가 되고 一五五十年에 禪敎兩宗을 復活시켰으며, 後에 都大禪師까지 올라갔었으나, 一五六五年 文定王后가 죽자 排佛上疏와 儒林들에 밀려 僧職을 박탈당하고 濟州島에 귀양, 이어 제주 목사인 邊協에 依해 斬刑되었다 文集 「虛應堂集」 「懶庵雜著」 「佛事問答」들이 傳한다。

參考

黃浿江: 懶庵普雨와 「王郎返魂傳」—華嚴寺本 「勸念要錄」을 中心으로—, 國語國文學(四十二·四十三 합병호) 一九六九·pp·十一~七三

田光鉉: 「勸念要錄」에 대하여, 駱山語文(第二輯), 一九七〇。

田光鉉: 十七世紀 國語의 硏究, 國語硏究(第十九號) 一九六七·pp·十四~十五

七大萬法

真如世界

우리南閻浮提世界를衆生이보뎌娑婆世界
라보고부터ᄂᆞᆫ보샤ᄃᆡ七寶世界라보시ᄂᆞ니라娑
婆世界라홈은더러운ᄒᆞ오조미며얼머흔몰애
돌히라ᄒᆞ며얼머흔가싀덩우리라ᄒᆞ며더운ᄇᆞ리
라ᄒᆞ며모딘므리라ᄒᆞ며모딘ᄇᆞᄅᆞ미라ᄒᆞ며기ᄉᆞᆫ
검주리랏마리니이를부터ᄂᆞᆫ보샤ᄃᆡ金이라ᄒᆞ며
銀이라ᄒᆞ며瑠璃라ᄒᆞ며硨磲ㅣ라ᄒᆞ며瑪瑙ㅣ
라ᄒᆞ며珊瑚ㅣ라ᄒᆞ며琥珀이라ᄒᆞ야모시고아

쳐란ᄆᆞᄉᆞᆷ몰내다아니ᄒᆞ시ᄂᆞ니라엇데어뇨ᄒᆞᆫ대
뒤기ᄒᆞᆯ거라萬物리ᄒᆞᆯ곳업스면나디몯ᄒᆞᄂᆞ
니그럴시모로매ᄒᆞᆯ글依居ᄒᆞ야사나ᄂᆞ니믈ㅣ
옷업스면ᄯᅡ히이셔도믈라萬物이나디몯ᄒᆞ며
블옷업스면ᄃᆞᆺᄉᆞᆫ氣韻이업서萬物이나디
몯ᄒᆞ며ᄇᆞᄅᆞᆷ곳업스면萬物리니ᄅᆞ와다나
디몯ᄒᆞ며虛空곳업스면萬物리나이숌ᄯᅩᆫ
업스며보ᄂᆞᆫ것곳업스면ᄒᆞᆫᄃᆞ리디며도ᄂᆞᆫᄋᆞ
ᄒᆞᆯ모ᄅᆞ며아ᄂᆞᆫ識곳업스면時節가ᄂᆞᆫ믈

도ᄅᆞ혀오ᄎᆞᆷᄯᅩ옥곳업스면새즉ᄒᆞᄂᆞ며검직ᄒᆞᆫ
거시이숩주리업스리라이러ᄒᆞ온져ᄎᆞ로이ᄂᆞᆯ
금가짓寶排엿거서虛空애ᄀᆞᄃᆞᆨᄒᆞ야잇고ᄡᅡ
해萬物레ᄀᆞᄃᆞᆨᄒᆞ야잇고나소혀블린댄내모
매ᄀᆞᄃᆞᆨᄒᆞ야잇ᄂᆞ니내모ᄆᆞᆯ當ᄒᆞ야보건댄七大
爲法으로모도와밍ᄀᆞ라잇ᄂᆞ니ᄒᆞᆫ나ᄒᆞᆫ올히
니내모매ᄉᆞᆯ콰가족과ᄲᅧ왜니라두울재ᄂᆞᆫ므릐
니내모매피와눈믈와곳믈와ᄎᆞᆷ괘오세ᄉᆞ재ᄂᆞᆫ
브리니내모매ᄃᆞᄉᆞᆫ氣韻이오네ᄉᆞ재ᄂᆞᆫᄇᆞᄅᆞ미니

七 二

내모매運動ᄒᆞᄂᆞᆫ거시오다ᄉᆞᆺ재ᄂᆞᆫ虛空이니
내모미虛空애ᄃᆞᆫ니고여ᄉᆞᆺ재ᄂᆞᆫ보ᄂᆞᆫ거시니내
모매블근것거믄디ᄃᆞ히야보ᄂᆞᆫ거시오닐굽재
ᄂᆞᆫ아ᄂᆞᆫ거시니내모매믜우니고오니ᄀᆞᆯ힌ᄂᆞᆫ거시
라이ᄅᆞᆯ衆生이너교ᄃᆡ고ᄅᆞᆫ더러운거시라너기
거든부텨ᄂᆞᆫ보샤ᄃᆡ다모도아淸淨法身佛리
라ᄒᆞ시ᄂᆞ니ᄯᅡ해萬物當ᄒᆞ야보건댄七大로셔
ᄒᆞ나ᄒᆞᆫ地大ㅣ니몰애와돌콰ᄂᆞᆫᄒᆞᆯ기자펴잇ᄂᆞᆫ
니그ᄅᆞᆫᄯᅡ히라ᄒᆞ고ᄃᆞᆯ재ᄂᆞᆫ므리니믈와비와

金向善兩主

이슬와내콰심믈괘오세흔브리니ᄒᆞᆫ비취ᄂᆞᆫᄃᆞᆺ소
氣額이오네흔ᄇᆞᄅᆞᆷ미니ᄇᆞᄅᆞᆷ모ᄃᆞᆫ萬物걸어내
ᄂᆞᆫ氣額이오다ᄉᆞᆺ재ᄂᆞᆫ虛空이니虛空은ᄒᆞᆫ날
다히며一切萬物를다맛ᄂᆞᆫ그르시오여ᄉᆞᆺ재ᄂᆞᆫ
보ᄂᆞᆫ거시니ᄆᆞᆯ구면萬物를난나치보고닐굽
은아ᄂᆞᆫ識이나아ᄂᆞᆫ識은제時節일티아니ᄒᆞ
야分明히아ᄂᆞᆫ거시라衆生은이를보ᄃᆡ이다
사오나온몸ᄡᅳᆯ거시라보ᄂᆞᆫ니라부터ᄂᆞᆫ이닐굽
가짓거슬보샤ᄃᆡ다寶ㅣ라ᄒᆞ야업시몯ᄒᆞᆯ거시

三

로다혜시니라또虛空을當ᄒᆞ야보건댄이
날굼가짓거세셔ᄒᆞ나ᄒᆞᆫᄒᆞᆯ기라무톄ᄒᆞᆯ곰니
르샤되크니ᄂᆞᆫ大地ᄃᆞ외오ᄀᆞ니ᄂᆞᆫ微細ᄒᆞᆯ
기라微細ᄒᆞᆫᄒᆞᆯᄀᆞᆯ보되몸ᄒᆞᆫᄒᆞᆯ기라변난나래
창세메히드리비취어ᄃᆞ가ᄃᆞᆯ와ᄂᆞᆯᄒᆞᆫᄃᆞᆫ드트
리라이ᄒᆞᆫ드트ᄅᆞᆯᄃᆞᆯ해ᄠᅡ려ᄒᆞᆫ또가골ᄂᆞᆯ구베
빼혀또ᄒᆞᆫ또가골ᄃᆞᆯ해ᄠᅡ리면이드트리젼혀
虛空이니이일후믈닐온性이오인眞空과性
이空인眞空기라ᄒᆞᄂᆞ니이ᄅᆞᆯ닐온ᄉᆞᆯ이空이

오로다ᄅᆞᆫ디아니ᄒᆞ며空이色으로다ᄅᆞᆫ디아니
ᄒᆞᆯᄉᆡ色이即是空이며空이即是色이라그러
면空과色과ᄒᆞ나히라몯ᄒᆞ며둘히라몯ᄒᆞ리
로다色과空과性이두려이노가法界예ᄀᆞ독
ᄒᆞ야萬物를내며길우며實히오며ᄀᆞ초아몯
ᄒᆞᆯ일업시ᄒᆞᄂᆞ니이ᄂᆞᆫ地大를자바니ᄅᆞ니
라둘재ᄂᆞᆫ水大니水大란마ᄅᆞᆫ므리크닷마
리라水大ᄂᆞᆫ하ᄂᆞᆯ콰ᄯᅡ콰ᄉᆞ시예젓디아니ᄒᆞᄂᆞᆫ
므리라中元에셔幻術ᄒᆞᄂᆞᆫ道士ᄃᆞᆯ히道術

ᄒᆞᄂᆞᆫ藥ᄆᆡᆼᄀᆞ로려새믈내요리라方珠ᄅᆞᆯ갇쳐
밠中에보ᄅᆞᆷᄃᆞᆯ對ᄒᆞ야ᄃᆞᆫ方珠에셔이스리
미자ᄃᆞᆫ그믈로藥을ᄆᆡᆼᄀᆞ라道術ᄒᆞᄂᆞ니라
그므리ᄃᆞᆯ로셔아니오며虛空애셔아니나며方
珠에셔아니나ᄂᆞ니뎌므리ᄃᆞᆯ로셔올딘댄ᄃᆞᆯ은
하ᄂᆞᆯ해도다잇거니디나오ᄂᆞᆫᄯᅡ히엇뎨저ᄌᆡ디아니
ᄒᆞ며方珠애셔날딘댄엇뎨사ᄅᆞᄆᆡ소ᄂᆞᆯ기드려사
나며虛空애셔날딘댄虛空이ᄀᆞᆺ업스ᄉᆞᆯ시므
리반ᄃᆞ기ᄀᆞᆺ업슬디라사ᄅᆞᆷ므터ᄒᆞᆫᄂᆞᆯ해니

ᄅᆞ리다ᄃᆞᆷ겨이실거서어니엇뎨ᄃᆞᆯ와구슬와
어우러對ᄒᆞᆯ時節를기드려사나료眞實ㅅ
ᄆᆞᄅᆞᆫ虛空애ᄀᆞᄃᆞᆨᄒᆞ야이쇼ᄃᆡ젓디아니ᄒᆞ거시
와ᄃᆞᆯ와구슬와서르브터난ᄆᆞᄅᆞᆫ하라져ᄀᆞ락
업스락이시락ᄒᆞ거니와虛空애ᄀᆞᄃᆞᆨᄒᆞᆫ眞實
ᄆᆞᄅᆞᆫ젓디아니ᄒᆞ야ᄆᆞ레섯기여하ᄂᆞᆯ콰ᄯᅡ콰ᄉᆞ
ᅀᅵ예뷘ᄯᅡ업시잇ᄂᆞᆫᄆᆞ리ᄅᆞ양진ᄅᆞᆯ보건댄因
緣도아니며自然도아니라十方世界ᄅᆞᆯ다자
바이쇼ᄃᆡ形容몯ᄒᆞᆯᄠᅳ들ᄆᆞ리다머구머잇

ᄂᆞ니라 셧재ᄂᆞᆫ 火大니 火大란 마ᄅᆞᆫ 브리 크맛
마리라 블 업시 萬物 리 사디 몯ᄒᆞ리라 브르ᄃᆞᆯ
ᄉᆞᆫ 氣韻이라 이 브르ᄃᆞ와 볼딘댄 火鏡과
ᄲᅮᆨ과ᄅᆞᆯ 자바 ᄒᆡᆺ光ᄋᆞᆯ 對ᄒᆞ야 ᄂᆞᆫ 거울로셔 브리
나ᄂᆞ니 거우ᄅᆞᆯ ᄒᆞᆫ고대 자ᄇᆞ면 브리 ᄒᆞᆫ고대 나고 열
고대 자ᄇᆞ면 브리 열고대 나고 世界예 ᄎᆞᆼ죵이 자
ᄇᆞ면 世界예 ᄲᅮᆫ ᄯᅡ 업시 고ᄅᆞᆫ 브라리라 이 브른
히로셔 오디 아니ᄒᆞ며 거우로애셔 나디 아니ᄒᆞ며
ᄲᅮᆨ에셔 나디 아니ᄒᆞ니 히로셔 올딘댄 히ᄂᆞᆫ 扶桑

國에잇ᄂᆞ고ᄡᅮᆨ은소내자펴잇ᄂᆞ니扶桑國에셔와
ᄡᅮᆨ애븐ᄂᆞᆫ브리히와ᄡᅮᆨ과ᄉᆞ시예셰지블아니ᄒᆞ
터ᄒᆞ야시며거우로애셔날딘대거우로가비엇디
ᄉᆞ디아니ᄒᆞ며ᄡᅮᆨ에셔날딘대ᄡᅮᆨ바티녀느검주리
나디아니ᄒᆞ리니히와거우로와ᄡᅮᆨ과ᄒᆞ야어우
리난브른더우며시그며주그락살라락ᄒᆞ거니
와하ᄂᆞᆯ과ᄯᅡ과ᄉᆞ시예ᄀᆞᄃᆞᆨ기잇ᄂᆞᆫ真實ᄉᆞ브른
됴ᄒᆞᆫ도식도아니ᄒᆞ며죽도사도아니ᄒᆞ야므레
섯기여하ᄂᆞᆯ과ᄯᅡ과ᄉᆞ시예뷘ᄯᅡ업시이숌ᄃᆡ衆

主ㅣ ᄆᆞᅀᆞᄆᆞᆯ 조차 거슬 性이 업스니 凡夫ᄂᆞᆫ 보
ᄒᆞᆫ 주를 몰라 브터 나ᄂᆞ니라 ᄒᆞ며 절로 나니
라 ᄒᆞᄂᆞ니 이 브튼 브터 나며 절로 나매 븓디 아
니ᄒᆞ니라 넷재ᄂᆞᆫ 風大니 風大란 마ᄅᆞᆫ ᄇᆞᄅᆞ
미 므슷 마리라 ᄇᆞᄅᆞ미라 ᄒᆞ논 거슨 사ᄅᆞ미 게
보건댄 고히며 이브로 김 나ᄂᆞ며 運動ᄒᆞ며
ᄒᆞ오미 긔 風大라 사ᄅᆞ미 運動 몯ᄒᆞ고 고히며 이
브로 김 곳 아니 나ᄃᆞᆯ면 사ᄅᆞ미 죽다 ᄒᆞ고 ᄇᆞᇝ
ᄇᆞᄅᆞ미 萬物ᄅᆞᆯ 내오 녀르믈 ᄇᆞᄅᆞ미 萬物ᄅᆞᆯ

기ᄅᆞ오고ᄀᆞ읈ᄇᆞᄅᆞᄆᆞᆫ萬物를結實ᄒᆞ고겨
읈ᄇᆞᄅᆞᄆᆞᆫ萬物를간슈ᄒᆞᄂᆞ니이런ᄇᆞᄅᆞᆷ
미하ᄂᆞᆯ과ᄯᅡ와ᄉᆞ시예ᄲᅮᆫᄯᅡ엄시ᄀᆞ득ᄒᆞ야이
쇼ᄅᆡ사ᄅᆞᆷ비다물ᄅᆞᆫᄂᆞ니라창지게닫고風紙
두른房안해이셔ᄇᆞᄅᆞ미업다ᄒᆞᄂᆞ니더ᄇᆞ
ᄅᆞ물도모야볼딘댄부체를ᄒᆞ고래두르면
ᄇᆞᄅᆞ미ᄒᆞ대나고우석구서기셔두르면우
석구서기셔나이ᄇᆞᄅᆞ미부체예셔나ᄂᆞᆫᄇᆞᄅᆞ미
아니라부체를보건댄대와조희ᄒᆞ왜라대예

서나ᄂᆞᆫ다ᄒᆞ면대바티엇뎨當네ᄇᆞᄅᆞ미엽스며
죠히셔나면조히다기니닥바리엇뎨ᄇᆞᄅᆞ미
업스료대와죠ᄒᆡ와소ᄂᆞᆫ과ᄒᆞ야난ᄇᆞᄅᆞ믄뮈
락ᄀᆞ마니이락ᄒᆞ거니와하ᄂᆞᆯ콰ᄯᅡ콰ᄉᆞ시예뮈
디아니ᄒᆞᄂᆞᆫ眞實ㅅᄇᆞᄅᆞ믄네잇다가이제더
러업스디아니며네업던ᄇᆞᄅᆞ미이제미잇ᄂᆞᆫ
디아니이ᄂᆞᆯ衆生ᄋᆞᆫ녀고ᄃᆡ므ᄅᆞ미자락ᄂᆞᆯ락
ᄒᆞᄂᆞ니라ᄒᆞᄂᆞ니이다衆生이衆心ᄋᆞ로간대
잇혜아비미라이다實ᄒᆞᆫᄇᆞᄅᆞᆫ디업스니라다ᄉᆞᆺ

재ᄂᆞᆫ空大니空大란마ᄅᆞᆫ虛空이크닷마리라
虛空이크다ᄒᆞ문하ᄂᆞᆯ콰ᄯᅡ히라七大萬法이
다虛空애담겨잇ᄂᆞ니虛空곳아니면하ᄂᆞᆯ
ᄯᅡ히며地水火風이며見大識大ᄃᆞᆯ히제가
이ᄉᆞᆯᄯᅡ업ᄂᆞ니그럴ᄉᆡ다虛空ᄋᆞᆯ크다ᄒᆞᄂᆞ니
라여ᄉᆞᆺ재ᄂᆞᆫ見大니見大라ᄒᆞ문보미크닷
마리라一切보미적디아니ᄒᆞ니라헐네보ᄆᆞᆯ
나지보아ᄃᆞᆫ흰가너기며바미보아ᄃᆞᆫᄃᆞ린가
너기며히아몰와업ᄉᆞᆫ뒤브를혀ᄃᆞᆫ브리보

ᄂᆞ니라ᄒᆞ며누늘ᄀᆞ마ᄃᆞᆫ萬物ᄋᆞᆯ몯보고누
늘ᄠᅧ든萬物을흘쇠누니보ᄂᆞ니라ᄒᆞᄂᆞ니
真實본ᄂᆞᆫ性ᄋᆞᆫ本來보미업스니常녜보。
ᄂᆞᆫ性ᄋᆞᆫ히와ᄃᆞᆯ와블와눈과ᄀᆞ차ᅀᅡ보ᄂᆞ니
라그런주를몰라히ᄃᆞ리보ᄂᆞ니라ᄒᆞ며
블와눈괘보ᄂᆞ니라ᄒᆞ야見을자바주겨살
며ᄒᆞᄂᆞᆫ바ᄅᆞ래ᄇᆡ디여셔그우ᄂᆞ니라닐굽재
ᄂᆞᆫ識大니識大라ᄒᆞ논마ᄅᆞᆫ아논거시큰닷
마리라아다ᄒᆞ호ᄆᆞᆫ몰ᄯᆞᆼ그우레ᄯᆞᆼ을ᄆᆡᆼ기

야ᄡᅡ해믄고ᄒᆞᄂᆞᆫ그ᄃᆡ알ᄒᆞᆯᄉᆞ괴ᄃᆞᆫ그알히이

ᄃᆞᆷ히ᄉᆞ보미ᄲᅡ나그ᄯᅩᆼ을먹고사라나거시니그

智慧ᄂᆞᆫ어듸가어뎌오며거믜그믈을밍ᄀᆞ라

펴衆生을잡거시니그工巧ᄂᆞᆫ어듸가어뎌오뇨

듀화ᄂᆞᆫ누니업거시니므스글가지고셔히ᄅᆞᆯ조

차도라오며반ᄎᆔ귀업거시니므스글因ᄒᆞ야

울엣소리ᄃᆞᆮ고閉ᄒᆞᄂᆞ뇨元然ᄒᆞᆫ佛性이

아니잇ᄂᆞᆫᄯᅡ히업스니라迷惑ᄒᆞᆫ衆生은아

ᄅᆞ미업서샹녜아노라ᄒᆞᄂᆞ니라性이라혼거

스쇠며남기며므리며ᄇᆞ리며ᄒᆞ리괘니이五輪
性이이러ᄂᆞ되고ᄒᆞᆫᄆᆞᆯ미라ᄇᆞ르ᄆᆞᆫ나모롬
ᄒᆞ야잇ᄂᆞ니남ᄀᆞᆫ셧ᄂᆞ니그럴시곤ᄒᆞᆫ세ᄇᆞ텨
잇ᄂᆞ니라ᄇᆞ르ᄆᆞᆫ미르고쳔ᄎᆞ로곳곰ᄀᆞ로기미나
ᄃᆞᆫ니라이ᄂᆞᆫ東方애屬ᄒᆞ니라그럴시東方은
ᄇᆞ미屬ᄒᆞᆫ거시라ᄃᆞᆯ재ᄂᆞᆫ누니니누ᄂᆞᆫᄇᆞ리니
누니ᄇᆞ릴시빗ᄉᆞᄇᆞ터가ᄂᆞ니그라져ᄎᆞ로누니빗
ᄇᆞ터잇ᄂᆞ니ᄇᆞ리ᄆᆞᆫᄎᆞ로ᄇᆞᆯ곰ᄀᆞ르ᄉᆞᆷ알며누
이젼ᄎᆞ로블고거스거ᄆᆞᆫ거스ᄒᆡᆫ거스ᄀᆞᆯᄒᆞᄂᆞᆫ거슬

희야아ᄂᆞ니ᄇᆞ릴시더우니라이ᄂᆞᆫ南方애屬
ᄒᆞᆫ거사라그럴시南方오녈르미라섯재ᄂᆞᆫ이비
네이브쇠니쇠ᄂᆞᆫ빗겨디ᄂᆞ니그럴시이비브
터잇ᄂᆞ니라이비로ᄃᆞᆫ젼太로數殺萬物ᄒᆞᄂᆞ
니그럴시너뵌거슨헌구든돌히라도다삭ᄂᆞ니
라그럴시이믄西方이니西方ᄋᆞᆫ金이니西風이블면草
木기다죽ᄂᆞ니쇨시그러ᄒᆞ니라네흔귀니귀ᄂᆞᆫ
므리라므른바ᄅᆞᆯᄂᆞ리라ᄒᆞ르ᄂᆞ니그럴시귀ᄂᆞᆫ발ᄀᆞ
ᄂᆞ리브터잇ᄂᆞ니귀로ᄃᆞᆫ젼太로소리ᄅᆞᆯ흐ᄂᆞ合ᄆᆞ앟

나니라그럴시귀ᄂᆞᆫ北方이니北方은겨스라나
ᄉᆞᄉᆞ재ᄂᆞᆫ홀ᄋᆞᆯ기니홀근金木水火애논호여잇
ᄂᆞ니제位치여엄스니그럴시土ᄂᆞᆫ中이라하
ᄂᆞᆯ히날ᄋᆞᆯ쥬샤ᄃᆡ누ᄂᆞᆫ왼올ᄒᆞᆫ일ᄀᆞᆯ히
야보라주시고귀ᄂᆞᆫ왼올ᄒᆞᆫ일ᄀᆞᆯ히야드르
라주시고고ᄒᆞᆫ가지아짓내ᄅᆞᆯ마타라주시고
이ᄇᆞᆫ왼올ᄒᆞᆫ갈ᄀᆞᆯ히야니ᄅᆞ라주시고그럴
ᄉᆡ하ᄂᆞᆯ히주샨거시性이라性이란거ᄉᆞᆫ五輪
이라하ᄂᆞᆯ히주샨양ᄋᆞ로ᄡᆞᆯ시道이오道닷

게ᄒᆞᆫ거시敎ㅣ라션ᄇᆡ와衆과ᄒᆞᆫ이리다ᄅᆞ
디아니ᄒᆞᆯ시儒釋이同風이라ᄒᆞ도다

三身如來

毗盧遮那ᄂᆞᆫ예셔닐오ᄃᆡ寂黙이라ᄒᆞᄂᆞ니그ᄯᅢ
히라ᄯᅢᄒᆞᆫ動轉업스니그를寂黙이라ᄒᆞᄂᆞ니
교ᄒᆞᆫ隊氣니그ᄯᅢ히라ᄯᅢᄒᆞᆫ너모나니모난거슨
ᄒᆡᆺ도긔몯ᄒᆞᄂᆞ니毗盧遮那佛ᄅᆞᆫ結手ᄅᆞᆯᄒᆞ오
ᄃᆡ두소ᄂᆞᆯ다모도쥐여잇ᄂᆞ니純隊이라眞言
을ᄒᆞ되암밤람함감ᄒᆞᄂᆞ니다ᄉᆞᆺ字ᄂᆞᆫ이블

다ᄆᆞᆯ오ᄀᆞᆺ호ᄅᆞ소리나ᄂᆞ니이다隊이라世間앳
사ᄅᆞ미어미ᄀᆞᄐᆞᆫᄒᆞᄂᆞ니라아ᄒᆞᆫ어미우희올아노ᄂᆞᆫ듯
ᄒᆞᄂᆞ니사ᄅᆞ미업더뎌ᄃᆞᆫ해업더디고니러나도
ᄯᅩ훌딥고니러나며ᄡᅡ부리고가셜뒤업솜ᄀᆞᆫ
ᄒᆞ야毗盧遮那佛로내모미주그나사나홀디라
도잢간도여희디몯ᄒᆞ리라ᄯᅩ盧舍那ᄂᆞᆫ예셔닐
오맨光明遍照이라ᄒᆞᄂᆞ니光明이너비비취닷
마리라두려운하ᄂᆞᆯ히라하ᄂᆞᆯᄒᆞᆫ두려외혓
도ᄂᆞ니라그純陽이니두소ᄂᆞᆯ다펴티와잇ᄂᆞ

니真言을호ᄃᆡ아바라하가ᄒᆞᄂᆞ니이真言다
ᄉᆞ字ᄂᆞᆫ다이블벙으려소리나가게ᄒᆞᄂᆞ니世
間냇사ᄅᆞ미아비ᄀᆞᆯᄒᆞ니라아비ᄂᆞᆫ하ᄂᆞᆯᄀᆞᆮᄒᆞ야
업시몯ᄒᆞ리라또釋迦ᄂᆞᆫ예셔닐오ᄃᆡ能仁이라
ᄒᆞᄂᆞ니仁字ᄂᆞᆫ사ᄅᆞᆷ인변니두인字ㅣ니두살ᄋᆞ
미라ᄒᆞᆫ마리니ᄒᆞᆫ나ᄒᆞᆫ真實탓마리니거츠롬업
슬시라ᄒᆞ나ᄒᆞᆫ正ᄒᆞ니正은기울히ᄌᆞᆺ디아니
탓마리니기울히ᄌᆞᆺ디아니ᄒᆞ며거츠ᄃᆞ외
디아닐시일후믈能仁이라ᄒᆞᄂᆞ니이ᄂᆞᆫ中觀

ᄒᆞᆫ ᄠᅳ디라 그럴ᄉᆡ 結手를 호ᄃᆡ 소니 ᄒᆞ나ᄒᆞᆫ
ᄃᆞ미 혀잇고 ᄒᆞ나ᄒᆞᆫ 어펴잇ᄂᆞ니 眞言을 ᄒᆞᇙ
뒤이리바자나 ᄒᆞᄂᆞ니 이 眞言 다ᄉᆞᆺ 字ᄂᆞᆫ 소리
나ᄃᆞ도 아니ᄒᆞᄂᆞ니라 반만 陰이오 반만 陽이
라 아모ᄃᆡ도 취ᄃᆡ 아니ᄒᆞ야 中間ᄒᆞᆫ ᄠᅳ디라 이ᄂᆞᆫ
하ᄂᆞᆯ콰 ᄯᅡ콰 ᄉᆞ시예 얼굴와 일훔과 가진 거ᄉᆞᆫ
다 羅迦ㅣ라 釋迦를 千百億化身이라 ᄒᆞᄂᆞ니
千百億 모미라 ᄒᆞ요ᄆᆞᆫ 이 것ᄃᆞ 외라 ᄃᆡ 것ᄃᆞ 외
라 그업시ᄃᆞ 위 헐 위ᄃᆞ 일ᄉᆡ 千百億化身

이라ᄒᆞᄂᆞ니엇뎨허뇨ᄒᆞᆫ관되世間에누눌로
보ᄂᆞᆫ보미어든팡오치로라ᄒᆞ고오ᄂᆞ괴며술
위예실여원두바퇴갓다가아니여러ᄃᆞᆯ스시
예가지로니외로니참외슈박동화로니능교
셔미며술위예실여져자해아ᄎᆞ미드리가잇다
가아니ᄒᆞᆫᄉᆞ시예져기로니죠치ᄎᆞᆯ로니열쳐코
니달험뻬버로니가지가짓일홈가고시혹
부톄며징샹량반반상애져그던올와잇
다가도로통시예똥이로라ᄒᆞ고온과며

13a

ᄉᆞᆯ위예실겨원두바ᄐᆞ로가며오며ᄒᆞ요미언느
히예始作ᄒᆞ며어느히예ᄆᆞᄎᆞ리오이ᄅᆞᆯ닐온
千百億化身이라ᄒᆞᄂᆞ니라그리ᄒᆞ온ᄯᅡ히淸
淨法身毗盧遮那佛이라ᄒᆞ며ᄒᆞᆫᄂᆞᆯ히圓滿
報身盧舍那佛이라ᄒᆞ며하ᄂᆞᆯ과ᄯᅡ콰ᄉᆞ시예
일훔과얼굴가진거슨일후미千百億化身
釋迦牟尼佛이라ᄒᆞᄂᆞ니이제부톄다空王佛
ᄭᅴ애자펴잇ᄂᆞ니空王佛은虛空ᄋᆞᆫ니ᄅᆞ니
라常녜虛空이虛空아니라ᄉᆡ와나모와믈와

믈와ᄒᆞ러과ᄒᆞᄃᆡ섯기여하ᄂᆞᆯᄯᅡ즈스메뷘ᄯᅡ업
시ᄀᆡᄃᆞᄒᆞ야다려잇ᄂᆞ니ᄀᆡ四節리ᄃᆞ외며四方
이ᄃᆞ외야내며길우며염글우며ᄀᆞ초와이러
ᄐᆞᄉᆞᄒᆞᆫ作用이몯ᄒᆞᆯ일업스니하ᄂᆞᆯᄯᅡ히며
그러워도다虛空애모ᄃᆞ자펴잇ᄂᆞ니虛空
곳업스면하ᄂᆞᆯᄯᅡ히며智人이며聖人이며부
텨ᄃᆞ리히나이실ᄯᅡ히업스니라그럴ᄉᆡ닐오ᄃᆡ空
王佛른ᄯᅡ일후미多寶佛이라ᄒᆞᄂᆞ니라多寶
佛른寶徘ᄒᆞᆫ부테라ᄒᆞᄂᆞᆫ마리라寶비ᄂᆞᆫ

하ᄂᆞᆯ짜히며부톄며人王이며貴人賤人니며람
진겨지비며닙디묘ᄒᆞ며먹디묘ᄒᆞ며쓰디묘ᄒᆞᆫ
거시다虛空애셔난거시라虛空이낸ᄂᆞᆯ알면내
多寶如來라多寶如來ᄅᆞᆯ알면앗가온거시
허러업고法엣財寶ㅣᄀᆞᆺ자시리라多寶如來ᄉ
일후미ᄯᅩ妙色身如來라ᄒᆞᄂᆞ니라妙色身
如來라호ᄆᆞᆫ모미微妙ᄒᆞᆫ비치라ᄒᆞᆫ논마리라
妙字ᄂᆞᆫ少女ㅣ라ᄒᆞᆫ논마리니少女ᄂᆞᆫᄀᆞᆺ난가
ᄉᆞ나히라ᄀᆞᆺ난가ᄉᆞ나ᄒᆡᄂᆞᆫ고소배셔아모거시

나리라ᄆᆞᄅᆞᆯᄇᆞ디니엇뎨어료ᄒᆞ라ᄒᆞ더니머리셰ᄂᆞᆫ하ᄂᆞᆯ
미ᄂᆞᆫ어루子息이하며제그며ᄒᆡᄃᆞᆯ며사ᄆᆞ나
오나오ᄆᆞᆯ알리머니와그ᄉᆞᆫ가ᄉᆞ나히ᄂᆞᆫ子
息기이시며업스며사오며어디로ᄆᆞᆯ몬내알
기시니虛空애五輪性잇거차ᄢᅳᆫ거마곤이ᅀᆞᆸᄂᆞ니
주ᄅᆞᆯ혀부톄라도보디몯ᄒᆞᄂᆞ샤ᄉᆞ일紫磨妙色身
如來라ᄒᆞᄂᆞ니이부톄ᄂᆞᆫ부ᄂᆞᆯ螺髮며머리우흔ᄆᆞᄅᆞᆯ여肉髻
얼굴양ᄌᆞ두려이ᄀᆞ즈고라더러온ᄆᆞᆷ
라ᄒᆞᄆᆞᆫ이모미더러우ᄆᆞᆯ로모도아미ᅌᅵᆫ그로

놈오미롸여희요미맛다ᄒᆞᄂᆞ니라虛空ᄋᆞᆫ므른
ᄌᆞ,란ᄡᅡ업스며마고ᄂᆞᆫᄡᅡ업스며뵤ᄋᆞᆫ조ᄆᆞᆫ
니르,디몯ᄒᆞᆯ시야虛空性ᄋᆞᆫ저마다언고
제發願ᄒᆞᄂᆞ니라ᄒᆞ야妙色身如來ᄅᆞᆯ셰오廣으
博身如來라ᄒᆞᄂᆞ니라어ᄃᆡ예여고ᄒᆞ란ᄃᆡ
虛空도피언매여虛空ᄃᆡ빈언맨ᄂᆞᆫ물아ᄅᆞᆯ
뵤그렬ᄉᆡ虛空이일ᄐᆞ후믈廣博身如
來라ᄒᆞᄂᆞ니이부톄ᄂᆡᄂᆞᆯ알면ᄂᆞᆫ六凡身
믈니ᄅᆞ라고虛空모ᄅᆞᆫᄂᆞᆯ알리라六凡

오 地獄과 餓鬼와 傍生과 修羅과 人과 天괘
나ᄒᆞᄂᆞᆫ ᄀᆞᄉᆞ디 몯ᄒᆞᆫ 묘미라 地獄오
고ᄅᆞᆫ 受苦ᄒᆞᄂᆞᆫ 고디고 餓鬼ᄂᆞᆫ 주우
려ᄉᆞᆯ워ᄒᆞ고 傍生ᄋᆞᆫ ᄂᆞ미게 자펴 ᄀᆞᄉᆞ가
ᄒᆞ고 修羅ᄂᆞᆫ 性이 모디러 惡業을
ᄆᆡᇰᄀᆞᆯ고 하ᄂᆞᆯᄒᆞᆫ 受苦ᄅᆞᆯ 브ᅀᅵ
리어ᄇᆡ서 福미ᄋᆞ디 몯ᄒᆞ고 人間고
ᄉᆞ 善과 惡괘 서르 ᄎᆞ디 아니ᄒᆞ야
여ᄉᆞᆺ 가지ᄉᆞ 모매셔 勝ᄒᆞᆫ마ᄂᆞᆫ 주그며

사ᄅᆞ미 이실ᄉᆡ 虛空몸곧 알면 즉 그며 사
ᄅᆞ몰 엳ᄒᆞ리라 이 廣博身如來일ᄒᆞ우믈 ᄯᅩ
離怖畏如來라 ᄒᆞᄂᆞ니 어ᄉᆡ 離怖畏如來라
커뇨 ᄒᆞ란ᄃᆡ 虛空오ᄂᆞᆫ 할ᄂᆞᆯ로 ᄲᅡ리 모ᄅᆞᆫ ᄒᆞ며 뇨
ᄒᆞᄅᆞ미 디ᄆᆞᆯᄒᆞ며 ᄀᆞᆯᄂᆞᆫ ᄆᆞᆯ ᄢᅦ히디 몯ᄒᆞ며 블로
ᄡᅵ지디 몯ᄒᆞ며 더운 블로 ᄉᆞ쳐 뮈우디 몯ᄒᆞ며 구저
도저히디 몯ᄒᆞᆫ ᄢᅴ 이러ᄐᆞᆺᄒᆞᆫ 제 고ᄑᆞᆫ 이ᄅᆞᆯ
虛空이 다여 회ᄀᆞ 이ᄉᆞᆫ니라 그러
ᄅᆞ시 虛空아니

空은離怖畏如來라ᄒᆞᄂᆞ니虛空이냇ᄂᆞᆫ돌알
면내離怖畏如來라ᄒᆞ려가짓저픈이를여희오
涅槃樂을어드리라涅槃은주그며사로미업
슨부텻樂기라이離怖畏如來로ᄂᆞᆫ또일후바
甘露王如來이라ᄒᆞᄂᆞ니엇뎨甘露王如來오ᄒᆞᆫ
란뒤甘露ㅣ라ᄒᆞᆫ논마ᄅᆞᆫ가지가짓마시다ᄒᆞᆫ가
짓맛ᄃᆞ외ᄂᆞᆫ디버리ᄲᅮᆯ자ᄉᆞᆷ곰ᄒᆞ야가지가짓마
ᄉᆞᆯ모도와ᄒᆞᆫ마시ᄃᆞ외ᄃᆞᆺᄒᆞ니虛空이버리양
진곰ᄒᆞ야사오나온사ᄅᆞᆷ미며어딘사ᄅᆞᆷ미며사오

나온남기머던남기머사오나온衆生이며어
딘衆生이며하나한여러가짓겨스ᄅᆞᆯ보미다내야
너르메길어ᄀᆞ스ᄅᆞᆯ히다結實히와겨스레다금
ᄎᆞ와이러ᄐᆞᆺᄒᆞᆫ이ᄅᆞᆯ아모뉘예始作ᄒᆞ야아모뉘
예ᄆᆞᄎᆞ리라ᄆᆞᄅᆞᆯ흘ᄇᆞ들虛空이다머구므락비와
ᄐᆞ락ᄒᆞ더ᄃᆞ니ᄲᅮ너글히디아니ᄒᆞᄂᆞ니라그럴ᄊᆡ
虛空ᄋᆞᆯ甘露王如來라ᄒᆞᄂᆞ니라ᄒᆞ다가이虛空
이대ᄃᆞᆯ알면내甘露王如來로다虛空이므슴
모기며여甘露마시가니리오미알ᄂᆞᆸ어오ᄂᆞᆫ녀

三身佛와이五如來왜이다ᄒᆞᆫ부톄라ᄠᅳ든아니며
세가니라모도와닐올뎐ᄯᅡ콰하ᄂᆞᆯ콰虛空
과萬物왜다고로ᄂᆞᆫᄒᆞᆫ나히라이런젼ᄎᆞ로이네
가지거시아모저긔始作다몯ᄒᆞ며아모저긔ᄆᆞ
ᄎᆞ리라몯ᄒᆞ릴ᄊᆡ모도와닐오ᄃᆡ일후믈阿
彌陀佛리라ᄒᆞᄂᆞ니라阿彌陀佛리라ᄒᆞᄂᆞᆫ
西域마리라예셔닐오맨無量壽佛이라ᄒᆞᄂᆞ
니無量壽ㅣ라ᄒᆞᄂᆞᆫ마ᄅᆞᆫ목수미아모만타혜아
림업다ᄒᆞᄂᆞᆫ마리라虛空과하ᄂᆞᆯ콰ᄯᅡ콰萬物

괘와모져긔始作다몯ᄒᆞ며아모져긔ᄆᆞᄎᆞ리라
몯ᄒᆞᆯ시일후미無量壽佛리라ᄒᆞᄂᆞ니라
惺寂等持
天下衲子의ᄒᆞᄂᆞᆫ日用이惺寂等持라惺은
숣숣ᄒᆞᆯ시오寂은괴외ᄒᆞᆯ시오等持ᄂᆞᆫ惺과寂
괘ᄃᆞᆯ아니라惺에도두가짓ᄠᅳ디잇ᄂᆞ니ᄒᆞᆫ나ᄒᆞᆫ
病아오ᄒᆞᆫ나ᄒᆞᆫ藥이라病은어즈러울시오 엇즈
럽ᄃᆞ호ᄆᆞᆫ져머셔브터이제다ᄃᆞ론도록어더먹던
일ᄒᆞ며아ᄅᆞᆷ긋기던일ᄒᆞ며즈슴업시혜아리던

일ᄅᆞᆯ빋온亂憬이라樂이라홈ᄋᆞᆫ아무란일도업
시그날日用밧괴아무란일도혜아림업소ᄆᆞᆯ일ᄒᆞ
미樂이라ᄒᆞᄂᆞ니라寂에도두ᄠᅳ디잇ᄂᆞ니ᄒᆞᆫ나ᄒᆞᆫ病
이오ᄒᆞᆫ나ᄒᆞᆫ樂이라藥오ᄂᆞᆫ寂ᄒᆞ올시오病은迷惑
ᄒᆞᆯ시라迷惑ᄃᆞᆺ마ᄅᆞᆫᄒᆞ려더니「ᄀᆞᆫᄒᆞ야迷惑ᄒᆞ야
외옴과올홈과ᄀᆞᆯᄅᆞ모ᄅᆞᆯ시라樂이라호ᄆᆞᆫ모ᄅᆞᆯᄀᆞᆫ
거운ᄆᆞᄅᆞ로ᄀᆞᆫᄒᆞ야드ᄂᆞᆫᄒᆞᆫ거슬보고도貪心업스며사오
나온거슬보고도아쳐온ᄆᆞᅀᆞᄆᆞᆯ업슨양ᄌᆞᆯ몰
ᄒᆞᆫ거우로ᄀᆞᆫᄒᆞ야念업수마일후미樂이라ᄒᆞᄂᆞ니

라等持예도두ᄡᅳ디잇ᄂᆞ니ᄒᆞᆫ나ᄒᆞᆫ病이오ᄒᆞᆫ나
ᄒᆞᆫ藥이라病은게을를시라져므나새나迷惑ᄒᆞ야
이실시오藥은브즈런ᄒᆞᆯ시라브즈런ᄐᆞᆺ마곤昏
沉病이오ᄂᆞᆫ양지어든惺惺ᄒᆞᆫᄠᅳ들니르터寂寂
이迷惑디아니ᄒᆞᆯ시고어즈러운病이오ᄂᆞᆫ양지어
든寂寂은ᄇᆡ어즈러운雜念이업게ᄒᆞᆯ시라어즈러
운雜念과迷惑ᄒᆞᆫ無記와이두가짓病이업서惺
惺寂寂ᄒᆞ며寂寂惺惺ᄒᆞ야아모뒤도치디아니게ᄒᆞᆯ
시일후미惺寂等持라ᄒᆞᄂᆞ니라惺寂等持라ᄒᆞ

ᄆᆞᆫ엇뎨어뇨ᄒᆞ란ᄃᆡᄆᆞᅀᆞ미어즈럽디아니케ᄒᆞ야
디킬시라真實ᄆᆞᅀᆞᄆᆞᆫ아ᄅᆞᆷ업서어즈럽디아니거
늘어즈럽고헤아림잇ᄂᆞ니ᄀᆞᅀᆞᄆᆞᆫ일후미緣慮ᄒᆞ
ᄂᆞᆫᄆᆞᅀᆞ미라緣慮이라ᄒᆞ오ᄆᆞᆫ아라ᄒᆞ던일와이제ᄒᆞ
ᄂᆞᆫ일와後에ᄒᆞ려ᄒᆞᄂᆞᆫ일와이三世옛이ᄅᆞᆯᄌᆞ슴
업시헤아료ᄆᆞᆯ일후미緣慮이라ᄒᆞᄂᆞ니라이緣慮
心ᄋᆞᆫ地獄業도지ᅀᅳ며天堂福도밍골며부텨
도욀果報도밍ᄀᆞᄂᆞ니地獄業은왼일ᄒᆞᆯ
시라왼이ᄅᆞᆫᄂᆞᄆᆞᆯ외ᄠᅡ니ᄅᆞᆫᄀᆞ슴ᄒᆞᆫ이라 一丄

天堂福은ᄂᆞ미모과뎌ᄒᆞ야ᄂᆞᆫ몰니믈거ᄉᆞ머글
거슬겨줄시오便安코깃븐이를즐겨홀
시오부텨ᄂᆞᆫ외果報ᄂᆞᆫ慈悲로외ᄋᆞᆫ이라나慈心
ᄒᆞᆷᄋᆞᆫ수믈로어린사ᄅᆞᆷ믈구르쳐三途애가디아
니케ᄒᆞᆯ시라三途ㅣ라ᄒᆞᆫ논마른세길히라ᄒᆞᆫᄂᆞᆫ
마리라ᄒᆞᆫ나ᄒᆞᆫ地獄다ᄒᆞᆫ길히오ᄒᆞᆫ나ᄒᆞᆫ餓
鬼다ᄒᆞᆫ길히오ᄒᆞᆫ나ᄒᆞᆫ畜生다ᄒᆞᆫ길히라이
세길ᄒᆞᆫ사ᄅᆞᆷ마다ᄉᆞᆯ흐혀여ᄒᆞᄂᆞ니라地獄은嗔
心으로感結ᄒᆞ고餓鬼ᄂᆞᆫ貪心으로感結ᄒᆞ고

畜生ᄋᆞᆫ愚癡心ᄋᆞ로感結ᄒᆞᄂᆞ니이러ᄐᆞᆺᄒᆞᆫ緣
廬心이졈므나새나그치디아니ᄒᆞ야每常이業
을짓ᄂᆞ니緣廬心을그촐디ᄃᆡᆫ모로매惺寂等
持를ᄒᆞ야사ᄒᆞᆯ디니過去에어디르신善知識
이아ᄅᆞᆯ힘서니ᄅᆞ시니라惺寂等持ᄂᆞᆫ緣廬心
을니킐시라緣廬心을니ᄅᆞ키면니르로ᄂᆞᆫ三惡途
르ᄅᆞᆯ지슬줄업ᄂᆞ니라가ᄌᆞᆯ비건댄世間애사
ᄅᆞ미子息길옴곤ᄒᆞ야어버ᅀᅵᄎᆞ리ᇝ업서子息
을제ᄆᆞᅀᆞᄆᆞ로ᄇᆞ려두면남진子息ᄋᆞᆫ나가ᄃᆞᆫ

니다가사오나온번부치도ᄉᆞᆨ온노비ᄒᆞ며갓어리
도바ᄒᆞ며주글일도지서젓분아니야어버시도不
孝ᄒᆞ며겨집子息은졔ᄆᆞᄋᆞᄆᆞ로ᄂᆞ니다가이븟칫
머섬사괴야남진도어려家門도더러이며ᄂᆞᆷ太
매遊女ᄃᆞ외야나가ᄂᆞ니이런ᄒᆞᆯ시緣慮心올디키
여잠싼도아니ᄉᆞᆯ피디마를디니녜님금미忠國
師씌무로디엇뎨ᄒᆞ야ᄃᆞ브터ᄃᆞ외ᄂᆞ니잇고ᄒᆞ
연ᄌᆞᆸᄉᆞᆯ오디來世주글노미잇ᄂᆞ니잇고ᄒᆞ야ᄂᆞᆯ
對答ᄒᆞ디來世주글노미잇ᄂᆞ니이다ᄒᆞ야ᄂᆞᆯ을

여오쇼셔내알외오요리히다그주글노ᄆᆞᆯ다려오
나ᄂᆞᆯᄲᆞᆯᄀᆞ·싀기름ᄀᆞ·ᄃᆞ기ᄑᆞᆷᄋᆞᆫ소라ᄅᆞᆯᄀᆞ·ᄅᆞ·쳐닐
오되기름소라ᄅᆞᆯ드려이기름ᄈᆡ디아니케가져
오면너를주기디아니ᄒᆞ리라ᄒᆞ고기름드려오
라ᄒᆞᆫ대기름드려오거ᄂᆞᆯ두녁겨틔셔百般몯ᄌᆞ
ᄒᆞ다가아니노햇거ᄂᆞᆯ몯ᄌᆞ고ᄅᆞᆯ그치고그기름소
라ᄅᆞᆯᄈᆡ디아니ᄒᆞ야노하ᄂᆞᆯ그놈ᄃᆞ려무로ᄃᆡ빌
건나올저긔두녁겨틔셔무슷일ᄒᆞ더뇨무러ᄂᆞᆫ
그노미對答ᄒᆞᄃᆡ아므일도몰로이다ᄒᆞ니이리

ᄒᆞ니ᄆᆞᅀᆞᆷ모도외道애들시라이럴ᄊᆡ達摩
ㅣ닐ᄋᆞ샤ᄃᆡ밧ᄀᆞ로緣心이긋고안ᄒᆞ로ᄉᆞᆷ쐬우
니그처ᄆᆞᅀᆞ미담곤ᄒᆞ며ᄇᆞᄅᆞᄆᆡᆨᄃᆞᆼᄒᆞ야사어로道
애드ᄂᆞ니라ᄒᆞ시니라그럴ᄊᆡ비ᄒᆞᆯ사ᄅᆞᆷ미緣盧心
긋디킈디아니ᄒᆞ야잇거든모로매ᄒᆞ러ᄃᆡᆼ이나나
못그티나기ᄃᆞᆼ이나창어나ᄇᆞᆯ딘대안ᄎᆞᆷ飲食
먹고나죗飲食ᄉᆞ시와나죗飲食머고아ᄎᆞᆷ飲食
ᄉᆞ시예그의ᄅᆞ외온모ᄃᆞᆫᄒᆞᆯ일예千萬ᄂᆞᆫ두로ᄉᆞᆯ피디말오
ᄒᆞᆫ가짓거슬볼디니工夫ᄅᆞᆯ이리ᄒᆞ리면날아냐工夫ᄅᆞᆯ

일우리라 ᄒᆞ시니라

七大萬法終章

隆慶三年己巳五月日 慶尚道豊基地小伯

山池叱方寺開板

大施主張嗣男兩主

大功德主金仲貞兩主

金南眞兩主

金向善兩主

金孝毫兩主

金甫開兩主

金献伊兩主

金慶巾兩主

張貞同兩主

尹崇祖兩主

金金伊同兩主

裴守貞兩主

靈驗略抄

靈驗略抄

大悲心陁羅尼

經경에니ᄅᆞ샤ᄃᆡ觀관世솅音음菩
뽕薩삻이부텨ᄭᅴ숣ᄫᆞ샤ᄃᆡ내念념
호니디나건劫겁에부톄겨샤ᄃᆡ일
후미千쳔光광王왕靜쪙住뜡如셩
來링러시니나ᄅᆞᆯ어엿비너기시논
젼ᄎᆞ로一힗切쳉衆즁生싱을爲윙
ᄒᆞ샤이大땡悲빙神씬呪쥼를니ᄅᆞ
시고金금色식소ᄂᆞ로내뎡바길ᄆᆞᆫ
지시고니ᄅᆞ샤ᄃᆡ네이呪쥼를디녀
녀비未밍來링惡학世솅衆즁生싱

五六

을爲윙ᄒᆞ야큰利링益혁을믱골라
ᄒᆞ야시ᄂᆞᆯ내이ᄢᅴ처엄初총地띵예
住뜡ᄒᆞ얫다니이呪쥼듣ᄌᆞ온젼ᄎᆞ
로第뗑八밣地띵예건내ᄠᅱ여곧盟
명誓쎙ᄒᆞ야닐오ᄃᆡᄒᆞ다가내當당
來링예能능히一힗切쳉衆즁生싱
을利링益혁게ᄒᆞ얌직거든내모매
千쳔手슝千쳔眼안을나게ᄒᆞ쇼셔
ᄒᆞ고이願원을發벓ᄒᆞ니즉재모매
千쳔手슝千쳔眼안이다ᄀᆞ자十씹
方빙大땡地띵ㅣ六륙種종震진動
뚱ᄒᆞ며十씹方방諸졍佛뿛이다光

광明명을·펴·샤내모ᄆᆞᆯ비·취·여시ᄂᆞᆯ
일·로브·터오·매샹·녜외·오·며디·녀잖
간·도닛·디아·니ᄒᆞ·노·이다ᄒᆞ·다·가比
·삥丘·큥比·삥丘·큥尼닝와童똥男남
童똥女녕니·르·리大·땡悲빙心심·을
니르·와·다·지·극ᄒᆞᆫᄆᆞᄉᆞᄆᆞ·로내일은홈
念·념ᄒᆞ·며·또·우·리本·본師·ᄉᆞᆼ阿항彌
밍陀땅佛·뿛을專젼一·힗·히念·념ᄒᆞ
·ᄉᆞ·온後·흫·에이神씬呪·쥼를외·오·ᄃᆡ
ᄒᆞ·ᄂᆞᆫ바·미다·ᄉᆞᆺ遍변·이·ᄎᆞ·면모·맷百
빅千쳔萬·먼億·흑劫·겁生싱死·ᄉᆞᆼ重
·뚱ᄒᆞᆫ罪·쬥를滅·멿ᄒᆞ·며命·명ᄆᆞ·ᄎᆞᆫ재

十씹方방諸졍佛뿛이다오샤소ᄂᆞᆯ
심기샤願원을조차往왕生싱ᄒᆞ리
이다또부텻긔ᄉᆞᆯ오ᄃᆡᄒᆞ다가모ᄃᆞᆫ
衆즁生싱이이呪쥼외오며디닐사
ᄅᆞ미三삼惡학道똫애버러디면내
盟명誓쎙ᄒᆞ야正졍覺각일우디아
니ᄒᆞ며ᄒᆞ다가諸졍佛뿛國귁에나
디아니ᄒᆞ면내盟명誓쎙ᄒᆞ야正졍
覺각일우디아니ᄒᆞ며ᄒᆞ다가無뭉
量량三삼昧밍辯변才찡를얻디몯
ᄒᆞ면내盟명誓쎙ᄒᆞ야正졍覺각일
우디아니ᄒᆞ며現현在찡예사라셔

一힗切쳉衆즁홀거술ᄒᆞ다가일우
디몯ᄒᆞ면일후믈大땡悲빙心심陁
땅羅랑尼닝라몯ᄒᆞ리니오직不블
善쎤을뎌며至징誠쎵아니닏더로
리라ᄒᆞ다가女녕人신이賤쪈ᄒᆞᆫ겨
지비몸아쳐러男남子ᄌᆞᆼ드외오져
홀사ᄅᆞ미ᄒᆞ다가男남子ᄌᆞᆼ드외디
몯홀딘댄내盟명誓쎙ᄒᆞ야正졍覺
각일우디아니ᄒᆞ며ᄒᆞ다가모든十
씹惡학과五옹逆역과사ᄅᆞ믈誹빙
謗방ᄒᆞ며法법을誹빙謗방ᄒᆞ며塔
탑헐며뎔헐며僧승祇낑物뭃을얼

三

버스며【僧승祇낑物뭃은施싱主
즁의 더러자 ᄒᆞᆫ 즁의 쓰논 거시라】
조ᄒᆞᆫ 힝뎍 더러이논 이곤 ᄒᆞᆫ一힗切
쳥重뜽ᄒᆞᆫ罪쬥ㅣ千쳔佛뿛이 世솅
예나 샤도 懺참悔횡를 通통티 몯ᄒᆞ
며 비록 뉘으처도 뎌디 몯ᄒᆞ리로이
呪쥴 외오게 ᄒᆞ면 十씹方방師승ㅣ
곧 오샤 爲윙ᄒᆞ야 證징明명ᄒᆞ외샤
一힗切쳉罪쬥障쟝이 다 업스리라
이 呪쥴 외올 사ᄅᆞ미 열다ᄉᆞᆺ가짓 善
쎤히 사로몰 얻고 열다ᄉᆞᆺ가짓 구지
주구물 受쓯티 아니ᄒᆞ리라【그리

어즈러위스디아니ᄒᆞ노라 ᄒᆞ다
가善쎤男남女녀ㅣ이呪쥼을외오며
디뇨ᄃᆡ므ᄉᆞ믈ᄒᆞᆫ고대두어다ᄅᆞᆫᄃᆡ
븐디아니ᄒᆞ면반ᄃᆞ기日ᅀᅵᇙ光광善
뽕薩삻와月웛光광善뽕薩삻왜爲
윙ᄒᆞ야證징明명ᄃᆞ외야效ᅘᅭᇢ驗험
을더으리니내그ᄢᅴ반ᄃᆞ기千쳔眼
안ᄋᆞ로비취여보며千쳔手슣로護
ᅘᅩᇢ持띵ᄒᆞ리니善쎤神씬龍룡王왕
과金금剛강密밇跡젹괘샹녜조차
擁ᅙᅩᇰ護ᅘᅩᇢᄒᆞᄃᆡ눈ᄌᆞᅀᆞ護ᅘᅩᇢ持띵ᄐᆞᆺ
ᄒᆞ리라이呪쥼와ᄅᆞᆯ사ᄅᆞ미ᄒᆞ다가

江강河항와大땡海힝中듕에沐목
浴욕ᄒᆞ면그가온ᄃᆡ衆즁生싱이이
사ᄅᆞ미몸시ᄉᆞᆫ므리제모매무드니
一ᅙᅵᇙ切쳉重듕ᄒᆞᆫ罪쬥ㅣ다消숗滅
뭃ᄒᆞ고곧淨쪙土통蓮련花황애化
황生싱ᄒᆞᄆᆞᆯ得득ᄒᆞ리라이呪즇외
올사ᄅᆞ미길헤녀거든大땡風봉이
와이사ᄅᆞ미모ᄆᆞᆯ불면터럭과오새
나ᄆᆞᆫᄇᆞᄅᆞ미ᄂᆞ려모ᄃᆞᆫ衆즁生싱ᄋᆡ
게디나면一ᅙᅵᇙ切쳉罪쬥障쟝이다
업서ᄃᆞ외야三삼惡학道똥앳報봏
ᄅᆞᆯ受쓭티아니ᄒᆞ리라이呪즇외오

ᄂᆞᆫ 사ᄅᆞ미 이 베 나ᄂᆞᆫ ᄒᆞ다가 善쎤커
나 惡학ᄒᆞᆫ 一힗切쳉 말ᄉᆞᆷ소리ᄅᆞᆯ 天
텬魔망ᄍᆞ황 道또ᇢ와 天텬龍룡鬼귕
神씬괘 ᄃᆞᄅᆞ닌다 이 清청淨쪙ᄒᆞᆫ 法
법音흠이라 ᄒᆞ야다 그 사ᄅᆞ미게 恭
공敬경心심을 니ᄅᆞ와다 尊존重뜌ᇰ
ᄒᆞ몸 부텨ᄀᆞ티 ᄒᆞ리니 반ᄃᆞ기 알라
그 사ᄅᆞ미 곤 이 부텻 모미리니 九궁
十씹九궁億흑恒흥沙상諸졍佛뿛
이 어엿비 너기시논 젼ᄎᆡ라 이 呪즇
威휭神씬이 思ᄉᆞᆼ議읭 몯ᄒᆞ며 思ᄉᆞᆼ
議읭 몯ᄒᆞᆯ디라 讚잔歎탄ᄒᆞ몰 能능

히다ᄋ디몯ᄒ리니ᄒ다가디나건
久구遠원劫겁에너비善쎤根근시
므디아니ᄒ닌일훔도듣디몯ᄒ리
온ᄒ몰며보미ᄯ녀觀관世솅音음
菩뽕薩삻이이呪쥼니ᄅ실제會ᅘᅬᆼ
中듕無뭉量량衆즁生싱이시혹四
승果광도得득ᄒ며시혹地띵位윙
도證징ᄒ니너부미經경文문곧ᄒ
니라
隨求即得陁羅尼
經경에니ᄅ샤ᄃ滅멿惡학趣츙善
뽕薩삻이毗뼝盧롱遮쟝那낭佛뿛

·ᄉᆞᆯ·ᄫᅡ 五大 나、

싀:ᄉᆞᆯ·오·샤·ᄃᆡ:엇던方방便뼌·으로一
·힗切:쳉重·뜡罪:쬥衆·즁生싱·을·ᄲᅡ혀
濟·졩度·똥ᄒᆞ·리잇·고부:톄니ᄅᆞ·샤·ᄃᆡ
븟·그륨:업스·며邪썅見·견ᄒᆞ·며放·방
逸·잃衆·즁生싱·은ᄲᅡ혀濟·졩度·똥홇
法·법·이:업스·니사·라·셔여·러가·짓困
·콘·을受:쓩ᄒᆞ·고주·근無뭉間간地·띵
獄·옥·애ᄲᅥ:러·디·여永:웡·히三삼寶:봉
ㅅ일·훔·도듣·디:몯ᄒᆞ·리어·니ᄒᆞ·물·며
부텨·를·보·며·다·시사ᄅᆞ·ᄆᆡ모·ᄆᆞᆯ어드
·리·여善:쎤薩·삻·이·다·시부텻·긔:ᄉᆞᆯ·오
·샤·ᄃᆡ如셩來ᄅᆡᆼ·는方방便·뼌·이그:지

업스시며如셩來링人신神씬力륵이
다음업스시니오직願원ᄒᆞ수온ᄃᆡ
爲윙ᄒᆞ샤一힗定떵히成쎵佛뿛호ᇙ
法법을니ᄅᆞ쇼셔부톄니ᄅᆞ샤ᄃᆡ내
秘빙密밇ᄒᆞᆫ法법을뒷노니世솅間
간애希힁有웋ᄒᆞ나罪쬥ᄂᆞᆫ스라디
고成쎵佛뿛호맨ᄆᆞᆺ第뗑一힗이니
일후미隨쉉求끃ㅣ니ᄒᆞ다가사ᄅᆞ
미이眞진言언일후믈잢간듣거나
일홈외오ᄂᆞᆫ사ᄅᆞᆷ親친近끈ᄒᆞ야
ᄒᆞᆫᄃᆡ잇거나ᄒᆞ면一힗切쳉天텬魔
망ㅣ며惡학鬼귕며善쎤神씬王왕

ᄃᆞᆯ히 恒ᅘᅳᆼ常썅 조차 擁ᅙᅩᆼ護ᅘᅩᆼᄒᆞᆯ시
災징 害행 업고 편안ᄒᆞ리니 ᄒᆞ물며
제 외오리 ᄯᅩ녀 외오며 디니는 사ᄅᆞ
ᄆᆞᆫ 비록 至징極극 重뜡ᄒᆞᆫ 種죵種죵
罪쬥를 지서도 地띵獄옥애 ᄠᅥ러디
디 아니ᄒᆞ리라 오작 成쎵佛뿛에 갓
가온 사ᄅᆞ미ᄯᅡ 이 眞진言언을 듣고
成쎵佛뿛에면 사ᄅᆞᄆᆞᆫ 世솅世솅예
듣디 몯ᄒᆞ리라 ᄒᆞ다가 이 眞진言언
을 ᄒᆞᆫ 字ᄍᆞᆼㅣ어나 두 字ᄍᆞᆼㅣ어나 一
힗 句궁ㅣ어나 一힗 遍변이어나 頂
뎡戴딩ᄒᆞ면 이 사ᄅᆞᄆᆞᆫ 諸졍佛뿛와

다ᄅᆞ디아니ᄒᆞ리라이眞진言언은
無뭉數숭億ᅙᅳᆨ恒ᅘᅳᆼ河ᅘᅡᆼ沙상諸졍
佛뿛ㅅ智딩慧휑ㅅ根곤本본이라
無뭉量량諸졍佛뿛이나샤道똫ㅣ일
우샤미이眞진言언디니샨젼치시
니그럴시毗삥盧롱遮쟝那낭如셩
來링ㅣ法법界갱智딩中듕을브트
샤[illegible]부터와즁싱과ᄒᆞᆫ가지로잇ᄂᆞᆫ
清청淨쪙覺각性셩이라[illegible]無뭉數
숭劫겁이다ᄋᆞᄃᆞ록求꿓ᄒᆞ샤ᅀᅡ어
ᄃᆞ시니라一힗切쳉諸졍佛뿛도이
眞진言언을得득디몯ᄒᆞ시면佛뿛

道똫ᄅᆞᆯ 일우디 몯ᄒᆞ시며 外욍道똫
婆빵羅랑門몬도이 眞진言언을 得
득ᄒᆞ야사 佛뿛道똫ᄅᆞᆯ 셜리 일우리
라ᄒᆞ시니라 네 摩망竭껋陁땅國귁
에 ᄒᆞᆫ 婆빵羅랑門몬이 이쇼ᄃᆡ 일후
미 俱궁博박이러니 부텨 보ᅀᆞᆸ디 몯
ᄒᆞ며 法법 듣디 몯ᄒᆞ고 날마다 도티
羊양이며 곰 사ᄉᆞᆷ 돌홀 주기다가
주거 閻염王왕ᄭᅴ 니거늘 王왕이 帝
뎽釋석ᄭᅴ ᄉᆞᆯ오ᄃᆡ 이 사ᄅᆞᄆᆞᆫ 어느 地
띵獄옥애 주리잇가 帝뎽釋석이 니
ᄅᆞ샤ᄃᆡ 이 사ᄅᆞᄆᆡ 罪쬥ᄂᆞᆫ 헤아리디

몯ᄒᆞ리로소니 ᄲᆞᆯ리 阿항鼻삥地띵
獄옥애 보내라 獄옥卒졸이 자바 그
地띵獄옥애 녀ᄒᆞ니 ᄆᆞᆫ득 蓮련모시
ᄃᆞ외야 八밣功공德득水쉥 ᄀᆞ득ᄒᆞ
고 蓮련花황ㅅ 우희 罪쬥人신 ᄃᆞᆯ히
各각各각 안자 여러 苦콩ㅣ 업거늘
牛ᅌᅮᆼ頭뚷獄옥卒졸이 ᄉᆞᆯ오ᄃᆡ 이 罪
쬥人신을 그르 주시도소이다 地띵
獄옥이 變변ᄒᆞ야 蓮련모시 ᄃᆞ외어
이다 閻염王왕이 帝뎽釋셕씌 ᄉᆞᆯ오
ᄃᆡ 이 俱궁傳박은 罪쬥人신 아니라
ᄉᆞ 神씬變변이 이러ᄒᆞ이다 帝뎽釋

셕이對됭答답ᄒᆞ샤ᄃᆡ前쪈生ᄉᆡᆼ과
今금生ᄉᆡᆼ과애善쎤이ᄒᆞᆫ드틀마도
업도소니내아디몯ᄒᆞ리로다ᄒᆞ
시고즉재釋셕迦강文문佛뿛ᄭᅴ가
샤ᅀᆞᄫᆞ샤ᄃᆡ俱궁博박의善쎤이엇
더콴ᄃᆡ神씬變변이이러ᄒᆞ니잇고
부톄니ᄅᆞ샤ᄃᆡ오직人신間간앳骸
ᅘᆡᆼ骨곯을보라帝뎽釋셕이俱궁博
박의무듼ᄃᆡ가보시니西솅ㅅ녀그
로ᄒᆞᆫ里링만ᄒᆞᆫᄃᆡ뎌리잇더니게잇
던서근隨쓍求꿓眞진言언ᄒᆞᆫ字ᄍᆞᆼ
ㅣ ᄇᆞᄅᆞ매ᄂᆞᆯ여俱궁博박의ᄲᅧ에ᄇᆞ

드터잇거늘帝뎽釋셕이도라와옮
겸여듧地띵獄옥애녀ᄒᆞ니地띵獄
옥마다이그티고터ᄃᆞ외더니그쁴
俱궁愽박이모ᄃᆞᆫ罪쬥人신과다三
삼十씹二싱相샹과八밣十씹種죵
好흫ㅣᄀᆞ자ᄒᆞᆫ쁴佛뿛菩뽕薩삻이
ᄃᆞ외니上쌍方방無뭉垢궇佛뿛이
이俱궁愽박이라ᄂᆞᆫ새와畜흉生
싱ᄃᆞᆯ히라도이眞진言언을ᄒᆞᆫ버니
나귀예디내면이몸다ᄋᆞᆫ後善에ᄂᆞ
외야다시受쓯티아니ᄒᆞ리라녜烏
홍禪쎤那낭城쎵에ᄒᆞᆫ王왕이이쇼

디일ᄒᆞ미梵뻠施싱러니ᄒᆞᆫ노미童
ᄯᅩᇰᄒᆞᆫ罪쬥ᄅᆞᆯ지ᅀᅥᄂᆞᆯ王왕이주기라
ᄒᆞ야ᄂᆞᆯ사ᄅᆞ미갈ᄒᆞᆯ자바주규려ᄒᆞ
나罪쬥人신이아래브터隨슝求꿍
ᄅᆞᆯ브희가지며ᄯᅩ무ᅀᅳ매닛디아니
ᄒᆞ야念념ᄒᆞ다ᄉᆞ니이威휭神씬力
륵으로그갈히片편片편이것는거
ᄂᆞᆯ그王왕이大땡怒농ᄒᆞ야ᄯᅩ藥약
ᄀᆞᆺ창의屈쿯에보내대藥약叉창돌
히깃거머구려ᄒᆞ니罪쬥人신의몸
우희光광明명이威쎵커늘藥약叉창
창ㅣ놀라두리여횟돌며禮롕拜뱅

ᄒᆞᆫ대 王왕이 더 怒노ᄒᆞ야 기픈 므레
드리티니 므리 믄득 여위어ᄂᆞᆯ 王왕
이 ᄂᆞᆯ라 荒황唐땅히 너겨 罪쬥人신
을 블러 根근源원을 무른대 罪쬥人
신이 닐오ᄃᆡ 내 아논 이리 업거니와
오직 隨쉉求꿓ᄅᆞᆯ 가젯ᄂᆞ이다 王왕
이 讚잔偈껭 지서 禮롕拜뱅ᄒᆞ고 ᄡᅳ
찡帛삑으로 罪쬥人신의 머리예 ᄆᆡ
오 뎡바기예 믈 븟고 벼슬 ᄒᆡ여 그 城
쎵엣 王왕ᄋᆞᆯ 사ᄆᆞ니라 ◇ 天텬竺듁
法법은 됴ᄒᆞᆫ 벼슬 ᄒᆞᆯ 제 몬져 ᄡᅳ 찡帛
삑으로 그 사ᄅᆞᄆᆡ 머리예 ᄆᆡ오 뎡바

기예를 븟ᄂᆞ니라

大佛頂陀羅尼

首슈楞릉嚴엄經경에 부텨 阿항難

난ᄃᆞ려 니ᄅᆞ샤ᄃᆡ 이 佛뿛頂뎡光광

聚쮸ᇰ微밍妙묭章쟝句궁ᄂᆞᆫ 十씹方

방 一힗切쳉 諸졍佛뿛을 내며 十씹

方방如ᅀᅧᆼ來ᄅᆡᆼ ㅣ 이 呪쥬ᇰ心심을 因

ᄒᆞ샤 ᅀᅡ우 업ᄉᆞᆫ 正졍偏편知딩覺

각을 일우시며 十씹方방如ᅀᅧᆼ來ᄅᆡᆼ

ㅣ 이 心심呪쥬ᇰ를 자ᄇᆞ샤ᅀᅡ 諸졍魔

망ᄅᆞᆯ 降향伏뽁ᄒᆞ시며 도ᄃᆞᆫ 外욍道

똥ᄅᆞᆯ 고티시며 이 呪쥬ᇰ心심을 가지

十一

샤ᄡᅡ 寶봉蓮련花황애 안ᄌᆞ샤 微밍
塵띤國귁에 應ᅙᅳᆼᄒᆞ시며 이 呪쥼心
심을 머구므샤ᄡᅡ 微밍塵띤國귁에
큰 法법輪륜을 轉뒨ᄒᆞ시며 이 呪쥼
心심을 디니샤ᄡᅡ 能능히 十씹方방
애 ᄃᆞᆼ바기 ᄆᆞᆫ져 授쓤記긩ᄒᆞ시며 이
呪쥼心심을 브트샤ᄡᅡ 能능히 十씹
方방애 한 受쓯苦콩ᄅᆞᆯ 빠혀 濟졩度
똥ᄒᆞ시ᄂᆞ니 닐온 地띵獄옥과 餓ᅌᅡᆼ
鬼궝와 畜흉生ᄉᆡᆼ과ᄂᆞᆫ 머니와 귀머
그니와 버워리와 원슈믜우니 몯ᄂᆞᆫ
苦콩와 ᄉᆞ랑ᄒᆞ오니 여희ᄂᆞᆫ 苦콩와

求꿓ᄒᆞ논것읻디몯ᄒᆞ논苦콩와五
옹陰음이盛썽홈과크며저근여러
橫ᅘᆡᇰ孼ᅌᅥᇙ을ᄒᆞᆫᄢᅴ解갱脫ᄐᆞᇙᄒᆞ며賊
쪽難난과兵병難난과王왕難난과
獄옥難난과주으리며목ᄆᆞᄅᆞ며艱
간難난ᄒᆞ미念념을應ᅙᅳᇰᄒᆞ야ᄌᆞᆸᄉᆞ
리며이呪쥼心심을조차ᅀᅡ能능히
十씹方방애善썬知딩識식을섬기
시며네威ᅙᅱᆼ儀잉中듕에이그티恒
흥沙상如ᅀᅧᆼ來ᄅᆡᆼ를供공養양ᄒᆞ시
며이呪쥼心심을行ᅘᆡᇰᄒᆞ야ᅀᅡ能능
히十씹方방애親친因힌을자바受

쓿ᄒᆞ샤 모ᄃᆞᆫ 小숗乘씽으로 놀라저
호ᄆᆞᆯ 내디 아니케 ᄒᆞ시며 이 呪즇心
심을 외오샤ᅀᅡ 無뭉上쌍覺각을 일
위 菩뽕提똉樹쓩에 안ᄌᆞ샤 大땡涅
녏槃빤애 드르시며 이 呪즇心심을
傳뗜ᄒᆞ샤ᅀᅡ 滅멿度똥ᄒᆞ신 後흫에
佛뿛法법ㅅ 이ᄅᆞᆯ 付붕囑죡ᄒᆞ샤 내
죵내 住뜡持띵ᄒᆞ야 戒갱律륧이 싁
싁기 조ᄒᆞ야 다 淸청淨쪙호ᄆᆞᆯ 得득
ᄒᆞ리라 ᄒᆞ다가 내 이 佛뿛頂뎡光광
聚쯍功공德득神씬驗험을 닐올딘
댄 아ᄎᆞᆷ브터 나죄니르리 소리 서르

니ᅀᅳ며 字ᄍᆼ句궁ㅅ ᄉᆞᅀᅵ ᄯᅩ 重뜡疊
뗩디 아니ᄒᆞ야 恒ᅘᆼ沙상劫겁을 디
내야도 모ᄎᆞᆷ내 能능히 다ᄋᆞ디 몯ᄒᆞ
리라 너희 有옹學ᅘᅡᆨᄋᆞᆫ 이 이 呪즁ᄅᆞᆯ 디
니디 아니ᄒᆞ야 道ᄯᅩᇢ場ᄄᆞᇰ애 안자 魔
망事ᄊᆞᆼᄅᆞᆯ 머리 여희요미 이고 디 업
스니라 ᄯᅩ 末맗世솅 衆즁生싱이 能
능히 제 외오거나 ᄒᆞ다가 ᄂᆞᆷ ᄀᆞᄅᆞ쳐
외오면 큰 毒똑과 저근 毒똑괘 能능
히 害행티 몯ᄒᆞ리며 萬먼物믏의 毒
똑氣킝이 ᄉᆞᄅᆞ미 이베 들면 甘감露
롱ㅅ 마시 ᄃᆞ외리라 衆즁生싱이 散

산亂롼ᄒᆞᆫ ᄆᆞᅀᆞ매 ᄆᆞᅀᆞ매 싱각ᄒᆞ며
이베디녀도 모ᄃᆞᆫ 金금剛강王왕이
샹녜 조ᄎᆞ리니 ᄒᆞ몰며 菩뽕提뗑心
심決쿼定뗑ᄒᆞ니 ᄯᅩ 녀이 衆즁生싱
돌히 비록 제 모매 福복業업을 짓디
아니ᄒᆞ야도 十씹方방如셩來링ㅣ
두겨신 功공德득을 다 이 사ᄅᆞ몰 주
실ᄉᆞ 일로브터 不불可캉說쉃不불
可캉說쉃 그지업슨 功공德득을 어
드리라 ᄒᆞ다가 五옹逆역無뭉間간
엣 重뜡ᄒᆞᆫ 罪쬥ᄅᆞᆯ 지ᅀᅥ도 이 呪즇옷
외오면 미온 ᄇᆞᄅᆞ미 믈엣 무디 부러

홀롬곤ᄒᆞ야 머리터럭마도 업스리

라ᄒᆞ다가 衆즁生싱이 無뭉量량劫

겁브터 오매 뉫눈 一힗切쎙 輕경ᄒᆞ

며 重뜡ᄒᆞᆫ 罪쬥障쟝ᄋᆞᆯ 前쪈世솅브

터 오매 몯미처 懺참悔횡ᄒᆞ닌 ᄒᆞ다

가 能능히 이 呪즁ᄅᆞᆯ 닐그며 외오며

써 모매 가지거나 지븨 두거나 ᄒᆞ면

이 곤ᄒᆞᆫ 한 業업이 더운 므레 눈 녹ᄃᆞᆺ

ᄒᆞ야 無뭉始싱로 오논 원슈와 橫횡

孽얼와 아릿 災징殃양과 녯 業업과

무근 비다 업스리라 末맗世솅옛 修

슝行행ᄒᆞᆯ 사ᄅᆞᆷ돌히 이 呪즁心심에

疑읭心심내디아니ᄒᆞ면이善쎤男
남子ᄌᆞᆼㅣ이父뿡母뭏나ᄒᆞᆫ모매모
ᄉᆞᆷ通통ᄒᆞ물언디몯ᄒᆞ면十씹方방
如셩來링ㅣ곤거즛마리ᄃᆞ외시리
라

佛頂尊勝陁羅尼

經경에니ᄅᆞ샤ᄃᆡ그ᄢᅴ三삼十씹三
삼天텬 三삼十씹三삼天텬은忉
됴利링天텬이라 善쎤法법堂땅
會ᄬᅬᆼ예ᄒᆞᆫ天텬子ᄌᆞᆼㅣ이쇼ᄃᆡ일후
미善쎤住뜡ㅣ러니天텬女녕돌콰
ᄒᆞᆫᄃᆡ서르노니더니그ᄢᅴ善쎤住뜡

ㅣ곤 밦中듕에 드르니 소리ᄒᆞ야 닐
오ᄃᆡ 善쎤住뜡ㅣ 後善ㅅ 닐웨예 命
명終즁ᄒᆞᆫ 後흫에 贍쳠部뽕洲쥼예
나ᄃᆡ 닐굽 번 畜흉生싱 ᄯᅩ외오 곤 地
띵獄옥애 뻐러디옛다가 地띵獄옥
을 브터 나 艱간難난ᄒᆞ고 ᄂᆞᆯ아 온고
대 나ᄃᆡ 어믜 胎팅예셔 곤 ᄯᅳ누니 업
스리라 ᄒᆞ야늘 그ᄢᅴ 天텬子중ㅣ 이
소리 듣고 곤 ᄀᆞ장 둘리여 帝뎽釋셕
쇠가 솔오ᄃᆡ 天텬帝뎽하 엇뎨 나를
이 善콩룰 免면케 ᄒᆞ시리잇고 帝뎽
釋셕이 이 말 듣고 ᄀᆞ장 두리여 곤 자

내ᄉᆞ랑ᄒᆞᄃᆡ이天텬子ᄌᆞㅣ엇던닐
곱번惡학道뜡앳모믈受쓩ᄒᆞ려뇨
닐온돈과가히와여ᄉᆞ와납과ᄇᆡ얌
과가마괴와쇠로기트랫모미로다
ᄒᆞ야帝뎽釋셕이이이를觀관ᄒᆞ고
ᄀᆞ장菩뽕惱놓를돕고져ᄒᆞ야ᄌᆞ세
ᄉᆞ랑호ᄃᆡ혜아료미업서오직如셩
來링ᄯᅡ이菩콩롤免면ᄒᆡ시리로다
ᄒᆞ야그ᄢᅴ帝뎽釋셕이屍싱多당林
림에가부텨그ᄉᆞᆯ오ᄃᆡ世솅尊존하
善쎤住뜡天텬子ᄌᆞㅣ엇뎨닐곱번
惡학道뜡ㅅ모믈受쓩ᄒᆞ리잇고그

如ᅀᅧᆼ來ᄅᆡᆼㅣ帝뎽釋셕ᄃᆞ려니ᄅᆞ
샤ᄃᆡ陁땅羅랑尼닝이쇼ᄃᆡ일후미
佛뿛頂뎡尊존勝싱이니能능히一
힔切쳉生ᄉᆡᆼ死ᄉᆞᇰ苦콩惱놓ᄅᆞᆯ조케
ᄒᆞᄂᆞ니ᄒᆞ다가사ᄅᆞ미드러ᄒᆞᆫ번귀
에디내야도先션世셰예지ᅀᅳᆫ一힔
切쳉地띵獄옥惡악業업이다업스
리라天텬帝뎽여ᄒᆞ다가사ᄅᆞ미命
명이댱ᄎᆞ다ᄋᆞᆯ제아니ᄒᆞᆫᄉᆞᅀᅵ나이
陁땅羅랑尼닝ᄅᆞᆯ싱각ᄒᆞ야念념ᄒᆞ
면도로목수미더어三삼業업이조
ᄒᆞ리라ᄒᆞ시고즉재呪쥼ᄅᆞᆯ니ᄅᆞ시

고부텨帝뎽釋셕ᄃᆞ려니ᄅᆞ샤ᄃᆡ이
呪즇人ᅀᅵᆫ일후미一힗切쳉惡학道똫
ᄅᆞᆯ더러조케ᄒᆞᄂᆞᆫ佛뿛頂뎡尊존勝
싱陁땅羅랑尼닝니이큰陁땅羅랑
尼닝ᄂᆞᆫ八밣十씹八밣殑ᅌᅳᆼ伽꺙沙
상俱궁胝딩百빅千쳔諸졍佛뿛이
ᄒᆞᆫ가지로펴니ᄅᆞ시니라○殑ᅌᅳᆼ伽
꺙ᄂᆞᆫ恒ᅘᅳᆼ河ᅘᅡᆼㅣ오俱궁胝딩ᄂᆞᆫ쉬
라○그ᄢᅴ護ᅘᅩᆼ世솅四ᄉᆞᆼ王왕이부
텻긔ᅀᆞᆯ오ᄃᆡ世솅尊존하願원ᄒᆞᄉᆞ
온ᄃᆞᆫ如셩來ᄅᆡᆼㅣ우리ᄅᆞᆯ爲윙ᄒᆞ샤
陁땅羅랑尼닝디녀法법을너비니

ᄅᆞ쇼셔 그ᄢᅴ 부톄 四ᄉᆞᆼ天텬王왕ᄃᆞ려 니ᄅᆞ샤ᄃᆡ 네 이제 ᄌᆞ세 드르라 내 반ᄃᆞ기 너 爲윙ᄒᆞ야 陁땅羅랑尼닝ᄃᆡ 늘 法법을 펴니ᄅᆞ며 또 短돤命명ᄒᆞᆫ 衆즁生싱ᄃᆞᆯ ᄒᆞᆯ 爲윙ᄒᆞ야 닐오리라 반ᄃᆞ기 몬져 沐목浴욕ᄒᆞ고 새 조ᄒᆞᆫ 옷 니버 白ᄲᆡᆨ月웛滿만日ᅀᅵᇙ에 齋쟁戒갱 디녀 이 陁땅羅랑尼닝ᄅᆞᆯ 외오ᄃᆡ 千쳔遍변이 ᄎᆞ면 短돤命명ᄒᆞᆫ 衆즁生싱이 도로 목수미 더어 永웡히 病뼝 흠 쿵ᄅᆞᆯ 여희에 ᄒᆞ며 ᄒᆞ다가 큰 모딘 病뼝을 맛나 이 陁땅羅랑尼

닝ᄅᆞᆯ 드르면 곧 永웡히 여희리라 ᄒᆞ
다가 사ᄅᆞ미 一힗切쳉 ᄀᆞ장 重뜡ᄒᆞᆫ
罪쬥業업을 지ᅀᅥ 命명終즁ᄒᆞ야 三
삼惡악道똥애 ᄢᅥ러딜 사ᄅᆞ미어든
ᄂᆞᆫ 亡망者쟝의 모맷 骨곯ᄋᆞᆯ 가져다가
ᄒᆞᆰ ᄒᆞᆫ 우희 요매 이 陁땅羅랑尼닝 스
믈ᄒᆞᆫ 遍변을 외와 ᄂᆞᆫ 亡망者쟝의 骨곯
우희 ᄒᆞᆮᄅᆞ면 곧 하ᄂᆞᆯ해 나리라 부톄
帝뎽釋셕ᄃᆞ려 니ᄅᆞ샤ᄃᆡ 네 내 이 陁
땅羅랑尼닝ᄅᆞᆯ 가져다가 善쎤住뜡
天텬子ᄌᆞᆼᄅᆞᆯ 주어 닐웨ᄉᆞ거든 너와
善쎤住뜡왜 다와 날 뵈라 그ᄢᅴ 帝뎽

釋셕이世솅尊존씌이陁땅羅랑尼
닝를받ᄌᆞ와本본天텬에도라와善
쎤住뜡天텬子ᄌᆞᆼ를주어늘天텬子
ᄌᆞᆼㅣ이陁땅羅랑尼닝를받ᄌᆞ와낫
여쇄밤여쇄를치와法법다히受쓯
持띵ᄒᆞᆫ대一힗切쳉願원이차一힗
切쳉惡학道똥애受쓯苦콩를곰
버서목수미그지업시더으니라그
쁴帝뎽釋셕이닐웻자히善쎤住뜡
天텬子ᄌᆞᆼ와부텻긔가ᄉᆞ온대그쁴
世솅尊존이金금色셕불ᄒᆞᆯ펴샤善
쎤住뜡의뎡바기를ᄆᆞᆫ지시고爲윙

五六

ᄒᆞ야 說셣法법ᄒᆞ샤 菩뽕提뗑記긩ᄅᆞᆯ 심기시니라

夫天下之機緣萬品而良醫之處方
亦異故我
覺王從一法界而運出塵沙之法门門门
可入凡有知者罔不隨機而得益然
入门有遲速觀行有難易莫非導士
方便善巧之如何耳時當末運人根
由之擬禪那則高推聖境論義學則
甘稱下劣由是方袍圓頂盡為風塵
之客白衣高肩永作那落之徒我

仁粹王大妃殿下慜世道之薄綫時流之
意思所以切於時而利於人者無借
於五大眞言不專禪定不探義理而
但令持誦則獲福一如經說叔世利
人之方莫斯爲最也然此經梵漢音
與讀者病之於是求得唐本注讀重
刊印而施之庶使便於誦習而無利
鈍之差逸於佩守而莫貴賤之異奉
持猶簡而寔資則悉均箇箇得趣向

之分人人達菩提之岸[illegible]見
聞躋解脫之境德及存[illegible]顯返常
樂之鄉以至
祖宗先靈咸資妙援抑亦
主上殿下睿筭天長金枝繁茂玉葉昌盛
諷誦之時咸稱
壽祺持念之際必曰
崗陵五大之驗貽貽衆口之宣歷歷永
殿下能事之已圓於是乎知矣

成化二十一年乙巳孟夏山人臣學祖敬跋

成宗十六年

二

金口所宣無有虛妄普願一切咸奉
慈音或精進受持或莊嚴佩帶各各隨
意種種歸誠俾其罪累氷消
慈光日朗得大總持具六神通十方淨
土應念周遊永脫輪廻齊登
覺岸
主上三殿壽萬歲
嘉靖二十九年庚戌四月日慶尚道豊基地小
伯山哲菴開板

覺熙
一祖
一幸思　怡石兩主
一禪
幸尼炅鸞
青令灵鴛　性今
大施主張同南兩主　民佐尼
大施主李燈同兩主
大施主排洞孫兩主　七今
大施主李屎知兩主
李許同兩主
朴欣万兩主
閔後連兩主
訥令保体
禹兄石兩主

張春山兩主
張凡金兩主　山戚
張戒愛兩主
吅莫同兩主
催万連兩主
催万之兩主
閔三惠兩主
徐閏兄兩主
禹守元兩主
金李賢兩主
張春守兩主
金勿金兩主
吅倫伊兩主
守丁兩主

金旧代兩主
閔考金兩主
深長施主李千白兩
李女芬叶同兩主
金乙金兩主
長莫司兩主
全希山兩主
鍊飯　同悟
供養主　智熙
閔赤慈松兩主　熙尚
金永真兩　徑貞
鄭石兩主
韓善　超云
安孫兩主

勸念要錄

勸念要錄

懶庵 撰

嗟夫人道也疑多學寡障重福輕如無開導之文豈解求生之法是以援引古今善士緇素名人感應之多往生非一之賢錄以視末運善男善女或有念而未露或無心而發起者也方袍圓頂宜追慧遠之高風儒履道冠可慕遺民之雅範啓芳懷玉壽終而化佛迎歸張抗吳瓊命盡而金僊引去

善和具屠牛之業而尚往玉池仲擧買害
命之惡而亦生金地慈光照處地獄為之
崩隤聖號持時天魔為之悚懼不思議佛
力無障碍神通一聲滅八十億劫之罪愆一
念獲八十億劫之功德現世則白業頓增
惡緣漸息人敬而神佑禍去而福來梁氏
女目盲而重明馮夫人身病而復差邵希
文神遊而脫難劉惠仲夢魔而無驚此乃
身前之效也臨終則免赴黃泉更無黑業

緩則一日至于七日稱則十聲至于一聲

一回覩白毫光身乘紫金座闍三不敢召化

佛自來迎直歸極樂之鄉永別幽冥之路

下府而來又逐䰟人間宋氏因冥

[illegible] 公主范滲瞻聖像於戶外

下 易長王天樂盈空隋

一生之徵也過世則

[illegible] 讓白骨為

[illegible] 年化生

此乃
而聊陳
心之頑踈
紀伏以同識勉

2b

勸念要録

王郎返魂傳

此王郎者는姓은王오名은思机니吉州人也라年이五十七에其妻宋氏先亡ᄒᆞᆫ後十一年中夜三更에拍窓云ᄒᆞᄃᆡ郎아宿耶아不宿耶아郎이云ᄒᆞᄃᆡ阿誰也오郎君의故妻宋氏也ㅣ러니今傳要意ᄒᆞ야以告之來也라코

이왕랑은셩은왕이오일홈은ᄉᆞ긔니

길ᄌᆔ사ᄅᆞᆷ이라나ᄒᆞᆫ쉾날곱애겨집송씨몬져
주근열ᄒᆞ오ᄒᆞᆫ힛만애밤므등삼경ᄣᅢ애창을텨
닐오ᄃᆡ랑아잔ᄂᆞ냐아니자ᄂᆞᆫ냐ᄒᆞ야ᄂᆞᆯ랑이
닐오ᄃᆡ누고오ᄂᆞᆫ대랑ᄋᆞᆫ근의례계집송씨러뇨
솔오ᄃᆡᄠᅳ들잠ᄡᅡᆫ젼ᄒᆞ야니ᄅᆞ라왯노라
郎이驚惟云ᄒᆞ대何要事也오宋氏曰ᄒᆞ대我
이ᄃᆞ後十一年ᄒᆞ뒤로問其罪而未畢ᄒᆞ고待君
已決ᄒᆞ리라
랑이ᄀᆞ로ᄃᆡ괴이ᄒᆞ뎌거닐오ᄃᆡ므ᄉᆞᆷ죠ᄉᆞ로ᄋᆞᆫ일오송

씨ᄆᆞᆯ오뒤내주근후열ᄒᆞᆫᄒᆞᆯ로뒤그죄올무러보ᄉᆞᆫ
아니ᄒᆞ고그듸ᄅᆞᆯ기드려사결단ᄒᆞ리라

前日閻王이 相論久矣라 來朝애 請君臺
使五鬼來ᄒᆞ니 君宜家中애 彌陀幀을 高掛
西壁ᄒᆞ고 君이 東坐向西ᄒᆞ야 念彌陀佛ᄒᆞ라

아릐염왕이시르의논ᄒᆞ미오란디라 오ᄂᆞᆫ아ᄎᆞᆷ
애그듸자브러다ᄉᆞᆺ귀신이오ᄂᆞ니그듸집가온ᄃᆡ
미타텡을셔녁벽의노피걸고그듸동으로안고
셔로향ᄒᆞ야아미타불을념ᄒᆞ라

郎이 云호되 眞官이 提舉何事오 宋氏이 云호되 宅北隣居에 老宿이 每日早晨에 向西五十拜ᄒᆞ고 每月望日애 念誦佛을 萬徧爲業ᄒᆞᄂᆞ니

랑이 닐오ᄃᆡ 명관이 날잘기ᄂᆞᆫ 므ᄉᆞ 일을오 송씨 닐오ᄃᆡ 우리 집 북녁의 사ᄂᆞᆫ 안노숙이 ᄆᆡ일 이른 새배 셔를 향ᄒᆞ야 쉰 번 절ᄒᆞ며 ᄆᆡ월 보로매 미타불 념ᄒᆞ길 일만 편으로 업을 ᄒᆞ거ᄂᆞᆯ

君과與我로毎常誹謗ᄒᆞ니以此로捉囚究問
ᄒᆞ고待君問了ᄒᆞ니 我等이必然墮於地獄이면
永無出期로다 言訖에宋氏即還ᄒᆞ야ᄂᆞᆯ
그듸와나와ᄃᆞ미샤애비방ᄒᆞ더니일로자바갇고와
몬져묻고그듸ᄅᆞᆯ기드려사무ᄅᆞᆯᄭᆞ리니우리ᄃᆞᆯ
히필연히디옥애ᄠᅥ러디면기리날길이업스
리로다ᄒᆞ고말ᄆᆞᄎᆞ매송씨즉제도라니거ᄂᆞᆯ
於是애即이明朝애如其所告ᄒᆞ야至誠로
念佛ᄒᆞ더니時애忽然五鬼이來立庭中ᄒᆞ야良

久四看ᄒᆞ야 審諦觀察ᄒᆞ가 先禮彌陁幀ᄒᆞ고 次
拜王郎ᄒᆞ야 郎이 大驚下堂ᄒᆞ야 答拜ᄒᆞ매
이예랑이븕논아ᄎᆞᆷ애그말다이ᄒᆞ야지극졍셩
을로렴불ᄒᆞ더니그ᄭᅴ믄득다ᄉᆞᄉᆞ깃거시ᄠᅳᆯ가
온ᄃᆡ와셰셔오래도라보아ᄉᆞᆯ펴ᄉᆞ셔히관찰ᄒᆞ다가
몬져미타텡을졀ᄒᆞ고버거왕랑을졀ᄒᆞ야
놀랑이ᄭᅵ롤라자의ᄂᆞ려답ᄒᆞ야졀ᄒᆞᆫ대
晃使이 云ᄒᆞ되 吾等은 宣奮承命ᄒᆞ야 提君而
來ᄒᆞ러 今君淸淨道塲ᄒᆞ고 端坐勤念彌陁ᄒᆞ니

吾等이雖敬無已ᄒᆞ나難避閻王之命와어니雖
不如勳이나非不捉去니伏請行李ᄒᆞ쇼셔
귀시닐오ᄃᆡ우리돌ᄒᆞ오며조셔명을바닷ᄂᆞ
디라그ᄃᆡ을자ᄇᆞ라왓다니이제그ᄃᆡ도랑을ᄅᆞ쇼
히ᄒᆞ고단졍히안자브즈런니미타을념ᄒᆞ니우리
돌히비록공경을마디아니ᄒᆞ냐염왕의명을
피홈어렵거니와비록티력다이아니나아니자바
가디몯ᄒᆞ올디니굿브려쳥ᄒᆞ노니힝니ᄒᆞ쇼셔
第三鬼이曰ᄒᆞᄃᆡ閻王이下令ᄒᆞ作ᄃᆡ役王郎을

嚴縛將來ᄒᆞ라ᄒᆞ시니不如勅則王之所嗔을吾等

이可被也로다

뎨삼귀골오ᄃᆡ염왕이령을ᄂᆞ리오샤ᄃᆡ뎌왕

량을엄히ᄆᆡ여ᄀᆞ져오라ᄒᆞ시니칙령다이아니

ᄒᆞ면왕의진심을우리돌히어루니브리로다

餘鬼이曰ᄒᆞᄃᆡ若我等이被多勅언뎡不修善

道故로今受鬼罪을未脫ᄒᆞ니寧受死罪언뎡

不敢以念佛者을從令縛之니라

나모귓거시골오ᄃᆡ우리돌히한ᄐᆡ령을니브미

ㅣ언뎡어진도리롤다ᄉᆞ디몯ᄒᆞᆯᄉᆡ그런도로이
제귀보롤드내스니ᄎᆞᆯ히주글죄롤슈ᄒᆞᆯ디
언뎡감히브터념ᄒᆞᄂᆞᆫ사ᄅᆞᆷ으롤ᄉᆞᆯ조ᄎᆞ마
되몯ᄒᆞᆯ디니라

第一鬼이告王郎曰ᄒᆞ되雖有犯罪如山ᄒᆞ야必
入地獄이나吾等所見로善奏閻王ᄒᆞ면必還
人道ᄒᆞ리니君이不敢悲憫ᄒᆞ쇼셔君若生極樂이든
不忘吾等鬼使ᄒᆞ쇼셔
뎨일귀ᄉ거시왕ᄃᆞ려닐러ᄀᆞᆯ오되비록죄범

호미시니곤ᄒᆞ야반ᄃᆞ기디옥애들로미이시나우리

도ᄅᆞ혀보ᄂᆞᆫ바로염왕ᄭᅴ이대ᄉᆞᆯ오면반ᄃᆞ기인

도애도로오리니그ᄃᆡ갑히ᄉᆞᆯ허말ᄋᆞ쇼셔그리ᄒᆞ

다가극락의나ᄃᆞᆫ우리도ᄅᆞ귀ᄉᆞ로니ᄉᆞ디마ᄅᆞ쇼셔

ᄒᆞ고

回跪示偈曰 인ᄒᆞ야ᄉᆞ려셔게을뵈여골오ᄃᆡ

我作冥間使이 今已百千翻ᄃᆡ로

不見念佛人이 墮於惡道中ᄒᆞ게

내명간애ᄉᆞ쟈되연디이제이미ᄇᆡᆨ쳔번이로ᄃᆡ

부텨념ᄒᆞᄂᆞᆫ사ᄅᆞᆷ이악도등에ᄇᆞ려디ᄆᆞᆯ보

디몰게라

君이若生蓮花國든에念吾輩을脫鬼䕺케ᄒᆞ쇼셔

그뒤ᄒᆞ다가련화국의나든우리물을븜ᄒᆞ야

귀보을벗게ᄒᆞ쇼셔

已然後에到冥曹ᄒᆞ니閻王이怒勅使曰ᄒᆞ되

爲提縛來ᄒᆞ라ᄒᆞ니如何遲晩也오鬼使이具陳

所見ᄒᆞᆫ대王이起坐立云ᄒᆞ되善哉라王即耶

速階上ᄒᆞ시유

그리ᄒᆞ온후에명ᄉᆞ조애가니염라왕이ᄐᆡᆨᄉᆞ두려로ᄒᆞ
야갈오ᄃᆡ샐리자바ᄆᆡ여오라ᄒᆞ니엇뎨느지오
뇨귀시보던바로곤초펴니왕이자의니러셰서
닐오ᄃᆡ도뇨ᄒᆞ옵셔왕랑이여샐리계졀의오ᄅᆞᄒᆞ
쇼셔

十王이齊拜曰ᄃᆡ夫妻이常曾誹謗安老
宿의念佛事ᄒᆞ니ᄒᆞ더先囚宋氏ᄒᆞ고當問王郎ᄒᆞ사
隨於惡道ᄒᆞ리라ᄒᆞᄂᆞᆫ今差極惡鬼使ᄒᆞ니鬼使所見을
聞之君이改心懺悔ᄒᆞ고勤修念佛ᄒᆞ니有何

罪孽오리

염왕이모다절ᄒᆞ야ᄀᆞᆯ오ᄃᆡ부쳬미샤애일죽안
노ᄉᆔ의렴불ᄒᆞᄂᆞᆫ일을온비방ᄒᆞ더니송씨을
몬져가도고왕랑ᄃᆞ려맛당히물위악도애버러
디리라ᄒᆞ야이제지극히모진거쳐물브렷더니귀
ᄉᆞ의본바ᄅᆞᆯᄃᆞ로니그ᄯᅢ무ᄋᆞᆷ고쳐참회ᄒᆞᆸ브
즈러니렴불ᄒᆞ니어ᄃᆡ던죄이시리오

王이因偈曰 왕이인ᄒᆞ야게로닐오ᄃᆡ
西方主彌陁佛은 此娑婆別有緣ᄒᆞ

若不一念彼佛ᄒᆞ면 冥曺猛使難降이라ᄒᆞ리니

셔방쥬미타블은이사바의각별ᄒᆞᆫ인연이이시

니ᄒᆞ다가ᄒᆞᆫ그라치져부쳐을아니렴ᄒᆞ면명조

의용밍ᄒᆞᆫᄉᆞ쟈을항복ᄒᆞ기어려우니라

夫妻을還返人間ᄒᆞ야遺命三十年을이年加

六十歲ᄒᆞ야 勤修精進ᄒᆞ야念彌陁佛ᄒᆞ면速徃

彼刹ᄒᆞ시리니吾等十王도並到西方ᄒᆞ게쇼셔為送ᄒᆞ뇌다

부쳐을인간의도로오아가기쳔명이셜ᄒᆞᆫ희어

을년을여슌희울더ᄒᆞ야브즈런이닷가졍진

ᄒᆞ야미타불을렴ᄒᆞ야ᄉᆡᆼ리뎌세계예가시리나

우리도시왕ᄭᅴ로다져방의니ᄅᆞ게ᄒᆞ쇼셔위ᄒᆞ야

보내뇌다

王이命曹府崔判官ᄒᆞ야曰ᄒᆞ샤되王郞의遣排道

場ᄒᆞᆫ懇切念佛ᄒᆞ야先犯無間罪報이今已

散盡ᄒᆞᆫ唯念佛功德으로夫妻을同返人間

ᄒᆞ야偕老同住ᄒᆞ야念佛ᄒᆞ니라宋氏이命終年久

ᄒᆞ야皮骨散失ᄒᆞ니屬魂何處오

왕이조부최판관을명ᄒᆞ야골오ᄃᆡ왕랑

8a

이도량을버리고곤졀히부쳐을념ᄒᆞ니몬
져범ᄒᆞᆫ무간죄뵈이제이믜ᄒᆞ터업고오작겸
블공덕으로브와쳐와울ᄒᆞᆫ가지로인가뉘
도라보내여ᄒᆞᆫ뻐ᄂᆞᆯ귀ᄒᆞᆫ뒤먼므러부쳐을렴케
ᄒᆞ리니송씨명무ᄎᆞᆫ취오라니가족ᄉᆡᆼᄒᆞ터업
스니ᄒᆞᆫ졍을어니고대브칠고
判官이聽王命ᄒᆞ야以閻王旨로面拜王郞
ᄒᆞᆫ夫妻을養王ᄂᆞᆫ호歷代國翁主이時命이
二十一歲리命限已盡故로魂今來此ᄒᆞ야

夜魔天報이已盡ᄒᆞ야 還生於天上ᄒᆞ리니 其體

專在ᄒᆞᆯ시 宋氏之魂을 托於公主形ᄒᆞ야 還生

可宜니이다

판관이 왕의 명을 드러 염왕ᄭᅴ 드로 왕량ᄭᅴ

절ᄒᆞ고 부와 쳐와을 왕ᄭᅴ 솔오ᄃᆡ 월지구

옹쥬 이제 명이 스믈ᄒᆞᆫ 소리라 명그슴미 이믜

다ᄋᆞᆫ 젼ᄎᆞ로 ᄒᆞᆫ이 이제 이에 와야 마련 샹의 나

리니 그 모미 올와 이시니 소ᄊᆡ의 혼을 옹쥬

의 얼굴의 의탁ᄒᆞ야 도로 나게 ᄒᆞ미 어루 맛당

ᄒᆞ니이다ᄒᆞ야ᄂᆞᆯ

閻王이 歡喜ᄒᆞ되 郎君夫妻이 不忘此願ᄒᆞ면 速生西方ᄒᆞ시리니 君則諦聽ᄒᆞ라 君宅地屋安老宿을 不敢誹謗어다 受此身以來애 常尊西方ᄒᆞ니 由此功故로 諸佛諸天이 常護持也니라

염왕이깃거ᄀᆞᆯ오ᄃᆡ랑군부쳬이원을아니
니즈면셔방의ᄲᆞᆯ리가시리니그ᄃᆡ조셔히드
르라그ᄃᆡ집븨사ᄂᆞᆫ안로ᄉᆞᆫ을감히비방ᄒᆞ

말디어다이몸스슈ᄒᆞ야오매믜샤애셔방을손
히ᄒᆞ니이공덕을브르실그려모로제불졔
텬이미샹애호ᄃᆡ호올ᄃᆡ니라
君則常供養如父母ᄒᆞ샤請君ᄒᆞᄂᆞᆫ吾等音信
을傳達安老宿ᄒᆞ쇼셔ᄒᆞ야ᄂᆞᆯ王郞이應諾대ᄒᆞᆫ
그듸ᄂᆞᆫ샹례공양호ᄃᆡ모부모ᄀᆞᆮ티ᄒᆞ샤
그듸셰청ᄒᆞ노니우리돌음신을안노슈
셰젼ᄒᆞ야아뢰쇼셔ᄒᆞ야ᄂᆞᆯ왕랑이ᄃᆡ답
ᄒᆞ야허락ᄒᆞ온대

閻王이向老宿ᄒᆞ야拜曰ᄒᆞ되道體如何오日
新堅固ᄒᆞ시니隣三年이라가三月初一日면西方
敎主ㅣ持紫金蓮花座ᄒᆞ고迎君ᄒᆞ야西方上
品에往生케ᄒᆞ리라ᄒᆞ고言訖에還生本家ᄒᆞ니家人
이欲葬時에

염왕이노슉을향ᄒᆞ야절ᄒᆞ고ᄀᆞᆯ오ᄃᆡ도톄
엇더ᄒᆞ고나ᄅᆞ로새로견고히ᄒᆞ시니셰ᄒᆡᄉᆞ이
잇다가삼월초ᄒᆞᄅᆞᆫ날이면셔방교쥬ㅣᄌᆞ
금련화좌ᄅᆞᆯ가지고그ᄃᆡᄅᆞᆯ마자셔방샹픔

애가나게ᄒᆞ리라ᄒᆞ고말ᄆᆞᄎᆞ매도로보가애오니집
사ᄅᆞ미염장ᄒᆞ고져ᄒᆞᆯᄣᅢ애

還生偈曰 도로나거로니ᄅᆞ오되

滿堂妻子與財珍이 受苦當時不代身ᄒᆞᄂᆞ니
一念弥陁消罪報니 還生逃命更修眞ᄒᆞ리라

지븨ᄀᆞᄃᆞᆨᄒᆞ얏ᄂᆞᆫ쳐ᄌᆞ와ᄌᆞ뇟보ᄇᆡ왜슈
고단ᄒᆞᆫ시졀애ᄂᆞᆫ이모ᄆᆞᆯᄀᆞ디몯ᄒᆞᆯ로로
다일렴미타사죄보올ᄉᆞᆫ니도로나와명
을므너다시진을닷그로다

宋氏이托公主身ᄒᆞ야還生ᄒᆞ니王與夫人이
歡喜時에公主生身이具陳上事ᄒᆞ니王이
嘆之ᄒᆞ고詔王郞曰ᄒᆞ되朕曾不見此事ᄒᆞ니所謂夢
中之瑞로다

송씨옹쥬의모미의탁ᄒᆞ야도로나니왕와
부인이깃거홀제옹쥬싱신이우희이를
ᄀᆞᆺ초펴니왕이슬허ᄒᆞ고왕랑을됴셔ᄒᆞ
야ᄀᆞᆯ오ᄃᆡ나ᄂᆞᆫ잠깐도이런이ᄅᆞᆯ보디몯ᄒᆞ야
시니닐온ᄭᅮᆷ듕의샹셰로다

王郎이 即奏言ᄒᆞᄃᆡ 宋氏十一年間에 不思餘親ᄒᆞ고 唯守前信으로 乃遇重親ᄒᆞ고 歡喜ᄒᆞ며 退ᄒᆞ야 迎壽一百四十七歲後에 同生極樂也ᄒᆞ다

왕랑이 즉제 ᄉᆞᆯ와 닐오ᄃᆡ 송씨 열ᄒᆞᆫ ᄒᆡᄉᆞ이예 다ᄅᆞᆫ 친을 ᄉᆞ랑 아니ᄒᆞ고 오직 아ᄅᆡ 신을 가져셔 이에 다시 친ᄒᆞ몰 만날와ᄒᆞ고 깃거 믈러가 목숨이 일ᄇᆡᆨ망은 닐곱 취을 므는 후에 ᄒᆞᆫᄃᆡ 극락국의 나다

本面落張

遠公結社傳

東晋僧慧遠法師는 雁門人也라 居廬山ᄒᆞ야 與劉遺民等僧俗百二十三人으로 結為蓮社ᄒᆞ고 以修淨土ᄒᆞ야 謂他日生蓮花中也니러 遺民이 著文讚頌ᄒᆞ대 感一仙人이 乘雲聽法ᄒᆞ며 空中試奏淸唄聲ᄒᆞ고 御長風라리

동진적 중 혜원법ᄉᆞ는 안문 사ᄅᆞᆷ이라 려산의 사라 뉴유민 등 중과 쇽과 ᄇᆡᆨ스믈세 사ᄅᆞᆷ으로 련샤ᄅᆞᆯ 결ᄒᆞ야 ᄆᆡᆼ글고 정토ᄅᆞᆯ 닷가 니ᄅᆞ오ᄃᆡ 다ᄅᆞᆫ

날의련화둥의나쟈ᄒᆞ더니 유민이문ᄌᆞ로지어기려
숑ᄋᆞ대호션인이구루을타와법드르며헌고웅
애셔조ᄒᆞᆫ소리로ᄉᆞᆯ오믈갑두ᄒᆞ고길리ᄇᆞᆯ롬을ᄂᆞ
더라

法師이 澄心觀想ᄒᆞ야 於十年에 三觀聖相
ᄒᆞ되 而遠公이 沉厚不言ᄒᆞ시더니 後七月에 遠이
又見阿弥陁佛身이 滿虛空ᄒᆞ며 圓光之中
애 有諸化佛ᄒᆞ며 觀音勢至이 侍立左右ᄒᆞ며
又見水流光明이 分十四支ᄒᆞ야 一一支水이

流注上下ᄒᆞ야自然演說苦空無常無我妙法ᄒᆞ니如十六觀經說이라

법시무옴을몰쳐관샹ᄒᆞ니처섬열ᄒᆞ히애셩인
얼굴올세변보더원공이팀ᄒᆞ후히러루더아니ᄒᆞ호
미러시니 홋닐곱두래원이ᄯᅩ아미타
불모미ᄒᆞ공애ᄃᆞ두ᄒᆞ오물보며두려운광명가
온티여러화ᄒᆞ온부테계시며관음과셔지자우애모
셔셔이시며ᄯᅩ물ᄒᆞ올ᄃᆞᄉᆞᄒᆞ온광명이열려가리ᄂᆞᆫ
화남남가리ᄆᆞ리아래우희ᄒᆞ올려브서ᄉᆞ연ᄒᆞ히펑

공ᄒᆞᆫ던던ᄒᆞ옴업스며아업스ᄂᆞ미묘ᄒᆞᆫ법니루
샤몰보니시블류관경의닐옴마ᄂᆞ더라

佛告遠曰ᄒᆞ샤ᄃᆡ我以本願力故로來安慰汝
ᄒᆞ노니後七日애當生我國ᄒᆞ리라見僧佛䭾耶舍
와及慧持와曇順이住佛之側ᄒᆞ야向前
揖遠曰ᄒᆞᄃᆡ法師之志ᄂᆞᆫ在吾先ᄒᆞᄃᆡ何來之
遲也오

부톄원이ᄃᆞ려니ᄅᆞ샤ᄃᆡ나의본ᄅᆞᆫ힘미ᄆᆞᆫ젼ᄎᆞ로와
닐을안위ᄒᆞ노니훗칠일이면반ᄃᆞ기내국

의나리라보니쥬불다야샤와혀디오담슈이부
쳐겨티머므러알풀향ᄒᆞ야원을절ᄒᆞ얄
오뒤법ᄉᆞ의ᄠᅳ든날로셔몬져이쇼뒤어ᄉᆞ디오
기ᄂᆞᆫ즈요

遠이 自見分明ᄒᆞ야 乃與其徒로 言之ᄒᆞ고 且
曰始吾居此ᄒᆞ야 幸於淨土애 三覩聖相ᄒᆞ고
今復見之ᄒᆞ니 吾生淨土ㅣ 決矣로다 次日애
寢疾ᄒᆞ야 至七日ᄒᆞ야 聖衆이 遙迎ᄒᆞ샤 寂然而化
ᄒᆞ니 時義熙十二年八月六日也ㅣ러라 同會一

百二十三人이 前後브터 生淨土라ᄒᆞ니
원이분명히보아이애그무리로두려말ᄒᆞ고ᄯᅩ
골오ᄃᆡ쳥염녀ᄂᆡ이에이셔윤복ᄒᆞ야졍토애셩샹
을세번보고이졔ᄯᅩ보니내졍토애나미일뎡ᄒᆞ도
다ᄒᆞ고버근날애자리애병드러닐굽날애
니르러난셔ᄋᆞ죵이머리셔마ᄌᆞ샤괴오히화
싱ᄒᆞ니시의희십이년팔월엿샏날
이러라ᄒᆞ온뒤모ᄃᆞᆫ일ᄇᆡᆨ스믈세사ᄅᆞᆷ이모져
여ᄒᆞ우졔다졍토애나니라

闕公則現報傳

東晋闕公則은遠公白蓮社中人이라己亡거든友人이於東京白馬寺애作忌日러니林木殿宇이皆作金色ᄒᆞ고空中有聲云ᄒᆞ되我是闕公則니로所祈往生極樂寶國을今已遂矣외러시이故來相報로라ᄒᆞ고言訖不現ᄒᆞ니라

동진적궐공측은원공빅련샤듕사ᄅᆞᆷ이라이믜주거ᄂᆞᆯ벗사ᄅᆞᆷ이동경빅마뎔의가긔일을짓더니소ᄅᆞᆷ나모와뎐집들왜

다금빗치두외여허풍가온되소리이셔날오되
내이걸표공ᄌᆞ이로나바려국락보비나라히가나모
이제이미일울시고러모로와서르알외노라ᄒᆞ
고말ᄆᆞᄎᆞ매날디아니ᄒᆞ니라

烏長王見佛傳

烏長國王이 萬機之暇애 謂群臣曰朕은 為人主ㅣ로ᄃᆡ 不免生老病死無常之苦니 六趣輪回애 誰分貴賤이리오 聞ᄒᆞ니 西方佛國은 誓願接神ᄒᆞ고 於是애 日夜精勤ᄒᆞ야 念佛行道ᄒᆞ며 廣行布施ᄒᆞ야 利樂衆生ᄒᆞ며 每日애 設一百僧齋ᄒᆞ고 王與后妃ㅣ 親手行食ᄒᆞ며 時請名僧ᄒᆞ야 咨扣妙法ᄒᆞ야 三十餘年을 精専, 無替러니 一日 宮中애 見彌陀佛ᄒᆞ니 西方聖

衆이來迎祥瑞이不一러라 端坐示滅ᄒᆞ니 神
色怡悅러라
오쟝국와이만고ᄒᆞᆫ여가에 ■만ᄀᆞᄂᆞᆫ왕의며버발라■ 모도신하
ᄃᆞ려ᄀᆞᆯ오되짐은사ᄅᆞᆷ이웃듬두ᄋᆡ여이쇼되싱와
로와병과ᄉᆞ와의뎐뎐홈업스믈몸면
ᄒᆞ니륙취예구우러회ᄉᆞ도로매루귀와천와옥
논호리오들오니셔방불국은밍셔원으로무
몰ᄭᅵ시수ᄂᆞ니라ᄒᆞ고이애낫밤애졍히브ᄌᆞ런ᄒᆞ
야부쳐렴ᄒᆞ모로도ᄅᆞᆯ칭ᄒᆞ며보시ᄅᆞᆯ러비ᄒᆞᆼᄒᆞ

야ᄌᆞ싱 ᄒᆞᆫ줄시게ᄒᆞ며미ᄋᆞᆯ애일ᄇᆞᆨ즁의
지식을펴되왕이후비와로친ᄒᆞ소바불
횡ᄒᆞ며 ᄒᆞ비ᄂᆞᆫ왕의겨집이라 시졀로일ᄋᆞᆸ난슈승을쳥
ᄒᆞ야미묘ᄒᆞᆫ법을무러삼십나믄ᄒᆞ롤져의히
외여골옴업더니ᄒᆞ롤ᄂᆞᆫ날애궁즁애미타불
을보니셔방셔승이와맏ᄂᆞᆫ샹셰ᄒᆞᆫ나아니리
라단졍히안자며로롬뵈니신긔ᄒᆞᆫ빗치이열
ᄒᆞ더라 이열은 ᄀᆞ올시라
鄭欽鄕紀嗜傳

唐信士鄭牧卿은滎陽人也ㅣ라擧家奉佛
ᄒᆞ야 毋及婦妹ㅣ同祈淨土ᄒᆞ더니至開元二十
一年ᄒᆞ야 曰疾困篤ᄒᆞ거ᄂᆞᆯ有醫人及同道者ㅣ
咸勸踰言ᄒᆞ되 且進魚肉ᄒᆞ야 以救羸軀ᄒᆞ고 痊
復之後에 修持淨戒ᄒᆞ미 不亦可乎아
당적신ᄉᆞ졍목경은영양사ᄅᆞᆷ이라오온집
이부쳐을봉존ᄒᆞ야어미와ᄯᅩ몬누위와아ᄋᆞ
누위왜ᄒᆞᆫ가지로졍토을비더니개원이십일
련의니르러병을인ᄒᆞ야곤ᄒᆞ미돗갑거ᄂᆞᆯ

의원사ᄅᆞᆷ과ᄯᅩᄒᆞᆫ가지로ᄒᆞ리ᄒᆞᄂᆞᆫ사ᄅᆞᆷ이이
셔다권ᄒᆞ야알외여닐오ᄃᆡ아직고기을나소
아여읜모믈구원ᄒᆞ고도ᄒᆞᆫ후에졍계을
닷가디요미ᄯᅩ올치아니ᄒᆞ오야

牧卿이曰噫라如此浮生이終日葷腥ᄒᆞ야
而得痊平ᄒᆞ니終歸磨滅이라ᄒᆞ리不奉佛禁ᄒᆞ고而
惜微命ᄒᆞ야何為오確然不許ᄒᆞ고遂嚴佛事
ᄒᆞ야手執幡脚과香爐ᄒᆞ야一心으로稱念阿弥陀
佛ᄒᆞ야復作是言ᄒᆞ되丈夫ㅣ一心不退ᄒᆞ야願

生西方고라ᄒᆞᆫ食頃然長逝ᄒᆞ니異香이充庭ᄒᆞ야隣里
共知ᄒᆞ며舅氏夢애寶池花數를見拔鄕이
合掌趨上ᄒᆞ니時當五十九러라

목경이ᄀᆞᆯ오ᄃᆡ슬프다이ᄀᆞᄐᆞᆫ데ᄡᅳᆫ싱이비록
내나ᄂᆞᆫ더러운거ᄉᆞᆯ인ᄒᆞ야벼도ᄒᆞᆷ은얻ᄃᆞ나
뭇ᄎᆞᆷ매ᄆᆞ라며멸ᄒᆞ매도라가리라부텨금계을밧
디아니ᄒᆞ고져ᄒᆞᆫ명을앗겨엇뎌ᄒᆞ리오ᄒᆞ야
구디허치아니ᄒᆞ고드ᄃᆡ여블ᄉᆞ로ᄆᆞᆯ식ᄉᆞᆨ이기
ᄒᆞ야손애번발와향ᄉᆞ로ᄅᆞᆯ자바일심으로

아미타불을일ᄏᆞ라렴ᄒᆞ야ᄯᅩ이말을지
오되댱뷔알시ᄆᆞ로믈러나디아니ᄒᆞ야원
ᄒᆞ야셔방의가랄나코믄득기리가니괴이ᄒᆞᆫ
향과ᄇᆞᆯᄀᆞᆫ희츙만ᄒᆞ야이우ᄉᆞ모올히다알
구셰의셤의 (고셰ᄂᆞᆫ외삼촌이라) 보빗ᄉᆞ모싀곳픠거을
목경이손바다마초ᄐᆞ나사오로몰보니실예
나히쉰아홉의당ᄒᆞ야ᄉᆞ더라

房翥勸他往生傳

唐房翥은京兆人이라暴死ᄒᆞ야至陰府ᄒᆞ야

見閻羅王ᄒᆞᆫ대王이曰據宗簿ᄒᆞᆫ君이曾勸

一老人念佛ᄒᆞ야己生淨土ᄒᆞ게ᄒᆞ니君承此福ᄒᆞ야

亦合生淨土ᄒᆞᆯ시니故로來相見ᄒᆞ라ᄒᆞ니翁曰先許

金剛經萬卷ᄒᆞ야巡禮五臺ᄒᆞ더니未欲往生이로라

王이曰誦經巡禮이固爲好事나不如早

生淨土ᄒᆞᄂᆞ니어다王이知意不可奪ᄒᆞ고乃放還ᄒᆞ니라

以此知勸人修者이非徒往生이라又感動

幽冥也니라

당젹방ᄌᆞ온경됴사ᄅᆞᆷ이라과 ᄀᆞᆯ리주 기음

부애닐러【음ᄀᆞᆫ 밋부이라】 염나왕을본대왕이골
오ᄃᆡ 안부ᄅᆞᆯ의거ᄒᆞ니【안부ᄂᆞᆫ명관ᄌᆞᆯ 월셔인이라】 그듸일ᄌᆞ
ᄒᆞᆫ늘ᄀᆞᆫ사ᄅᆞᆷ을렴블권ᄒᆞ야이의졍토애
나게ᄒᆞ니그듸이복을바다ᄯᅩ졍토애나미맛당
ᄒᆞᆯ시그러모ᄅᆞᆫ와서ᄅᆞ보로라ᄒᆞ야이ᄀᆞᆯ오ᄃᆡ몸져
금강경일만권을ᄡᅧᆼᄒᆞ야오ᄃᆡ돌도ᄒᆞ로졀
ᄒᆞ미언졍왕싱고져아니ᄒᆞ오로라왕이ᄀᆞᆯ오
ᄃᆡ경을외오두로ᄀᆡᆼᄒᆞ오미진실로됴ᄒᆞᆫ일이
나어셰졍토애나ᄆᆞᆯ다모ᄅᆞ오미ᄯᅩ녀왕이업ᄃᆞ

듸아시디아니ᄒᆞᄂᆞᆫ둘알고이에노하보내니일로
뻐ᄂᆞᆷ을권ᄒᆞ야닷게ᄒᆞᆫ사ᄅᆞᆷ이ᄒᆞᆫ갓왕ᄉᆡᆼ
ᄒᆞᆯᄲᅮᆫ아니라유명애감동ᄒᆞᄂᆞᆫ둘알리로다

隋文皇后傳

隋文帝后이雖居王宮ᄒᆞ나深厭女質ᄒᆞ야常
誦阿弥陀佛ᄒᆞ더니至臨終時ᄒᆞ야異香滿室ᄒᆞ야
從空而至어늘文帝이問闍提三藏ᄒᆞᆫ대是何
祥瑞오答曰西方有佛ᄒᆞ니號이阿弥陀ㅣ시니
皇后이業高ᄒᆞ야神生彼國ᄒᆞ시다況聖教分明

ᄒᆞ니 無致疑矣니다

슈문뎨후이 (이비라 후ᄂᆞᆫ 왕) 비록왕궁애사나녀읨모

몰기퍼스ᄅᆞᆯ희여미샹애아미타불을외오뎌니

므ᄎᆞᆯ시님ᄀᆞ오매니르러괴이ᄒᆞᆫ향긔집에ᄀᆞᄃᆞᆨᄒᆞ

ᄒᆞ야허공을블터니르거ᄂᆞᆯ문뎨샤뎨삼장

드라무로되이엇던샹셔오뎌답ᄒᆞ야ᄀᆞᆯ오ᄃᆡ셔

방의부톄겨샤ᄃᆡ일후미아미타시니황ᄒᆡ우업

이ᄂᆞᆫ큰샤신령이ᄃᆞ나라희나미로쇠다ᄒᆞ믈ᄃᆡ

셩인ᄀᆞᄅᆞ쳐샤미본ᄃᆡ오ᄒᆞ니의심을니ᄅᆞ우미

엽스니다

荊王夫人立化傳

荊王夫人이元祐間애與婢妾로精修西方ᄒᆞ되唯一妾이懈怠어ᄂᆞᆯ夫人이斥去ᄒᆞᆫ대共妾이悔悟ᄒᆞ야精進久之러니謂他妾云吾이今夜애當生西方이라ᄒᆞ니是夜애異香이滿室ᄒᆞ야無疾而終커ᄂᆞᆯ明日애同事之妾이告夫人云ᄒᆞ되昨夜夢애從去之妾이託致起居云ᄒᆞ되夫人이訓責ᄒᆞ심을ᄒᆞ야我修西方ᄒᆞ야今애以獲

往生ᄒᆞᆫ感德無量로다ᄒᆞ데다
형왕부인이원우관의죵겨집으로졍ᄒᆞ셔
방을닷고뒤오지ᄌᆞᆨᄒᆞᆫ겨지비게얼르권을부인
이ᄇᆡᆺ텩ᄒᆞ야ᄇᆞ린대그겨지비누이쳐셔쳐졍진
ᄒᆞ미오라더니다ᄅᆞᆫ겨집ᄃᆞ려닐어닐오ᄃᆡ내오
ᄂᆞᆯ바미반ᄃᆞ기셔방의녓노라ᄒᆞ니이바매괴이
ᄒᆞᆫ향긔집애ᄀᆞᄃᆞᆨᄒᆞ야병업시죵귀을ᄇᆞ라
ᄂᆞᆫ날애ᄒᆞᆫ가지로일ᄒᆞ던겨집이부인ᄭᅴ술와
닐오ᄃᆡ어젯밤ᄭᅮᆷ애화ᄒᆞ야간겨지비의탁을

닐위여거ᄒᆞ온ᄃᆡ니러닐오ᄃᆡ부인이ᄆᆞᄅᆞᆫ쳐ᄉᆞ쥐
져시ᄂᆞᆯ내셔방을닷가이제왕ᄉᆡᆼ을어드니
덕을가ᄆᆞ득ᄒᆞ오미혜아림업다ᄒᆞ데다
夫人이云使我亦夢ᄒᆞ야사乃可信耳라ᄂᆡ其夜
애夫人夢애見亡妾애叙謝如前ᄒᆞ니夫人
이云西方을可到不아妾이云ᄒᆞᆯ可到ᄃᆡ리
但從妾行ᄒᆞ쇼셔夫人이隨之ᄒᆞ야見池沼廣大
ᄒᆞ야紅白蓮花이大小相間ᄒᆞ되或榮或悴ᄒᆞ야
種種不同거ᄅᆞᆯ夫人이問云何以如此오妾

이去此皆世間애發念야修西方人也대
纔發一念면池內애便生蓮花一朶되若
願心精進則花이日日敷榮야以至大如
車輪고若願心이退轉則花이日日萎悴
야以至願滅ᄒᆞᄂᆞ니다

부인이ᄀᆞᆯ오ᄃᆡ날로ᄒᆡ와ᄯᅩᄉᆞᆸᄉᆔ워사이에어
로신ᄒᆞ곤ᄯᅳᆺ몸이니라그바매부인ᄉᆔ매ᄉᆔ근겹
이사례펴믈알ᄀᆞ치ᄒᆞᆫ대부인이닐오ᄃᆡ셔방
을어르ᄂᆞ니르런ᄂᆞᆫ야아니야뎝이닐오ᄃᆡ어르ᄂᆞ

니르러되다오직쳡의ᄒᆡᆼ을조초리라ᄒᆞ고부
인이조차가보니지당이넙고커블그며ᄒᆡᆫ련곳
치크며져그미서르섯기되시후비스며이ᄋᆞ러
ᄀᆞᆮ디아니커을부인이물위ᄂᆞᆯ오되엇디ᄡᅧ이
ᄀᆞᆮᄒᆞ뇨쳡이ᄂᆞᆯ오되이다세간애념을새여셔
방닷근사ᄅᆞᆷ이니다ᄀᆞᆮ일렴을내면못안해
ᄆᆞᆫ득련ᄡᅳᆷᄒᆞ고불희나뒤ᄒᆞ다가원ᄒᆞᄂᆞᆫ몸솜
미졍미ᄒᆞ니사가면곳지ᄂᆞᆯ마다퓌여비스여크
미수릐ᄉᆞ박ᄀᆞᆮᄒᆞ오매니ᄅᆞ고ᄒᆞ다가원ᄒᆞᄂᆞᆫ날숩

이믈러구울면뵈치날마다이우어주거며로호
매닐르ᄂᆞ니다
次見一人이坐蓮花上ᄒᆞ야其衣이飄颺散
去ᄒᆞ며寶冠瓔珞로莊嚴其身ᄒᆞ고夫人이問
云何人也오妾이云楊僯也니다又見一人
ᄒᆞ니坐於蓮花上어을妾이云馬玕也니다夫人
이云我ᄂᆞᆫ當生何處오妾이引行數里許
ᄒᆞ야遙望見一金壇ᄒᆞ니金碧照曜을어妾이云
此ᄂᆞᆫ夫人化生處니乃上品上生이니다

버겨혼사롬이련꼿우희안자그오시부쳐
편홀터가며보ᄂᆡ시관영락으로그므믈장
엄호몰보고부인이물이날오뒤엇던사
롬오쳡이날오뒤양걸이니다ᄯᅩᄒᆞᆫ살롬
을보니련꼿우희안잣거을쳡이날
오뒤마간이니다부인이날오뒤나ᄂᆞᆫ반두기
어늬고대날고쳐비두서나마혀힝ᄒᆞ야머
리셔혼곰단을보니곰벽이비취여빈나건
을쳐비날오뒤인ᄂᆞᆫ부인이화ᄒᆞ야날고뒤

니이예샹읍픔샹싱이니다

夫人이旣覺ᄒᆞ야訪問楊馬의所在ᄒᆞ니傑이

已亡ᄒᆞ고而玗이無恙ᄒᆞ더라是知精進不退者

은雖身在娑婆之內나其神이已在淨土

矣로다後夫人이於生日애爰爇香ᄒᆞ고望

觀音閣而立을어子孫이方具獻壽之儀ᄒᆞᆫ대

已立化矣러라

부인이이미셰야양과마와의인ᄂᆞᆫ되롤방문

ᄒᆞ니야걸이이미죽고마핝이병업더라졍셩헤나

샤가고믈러나디아니ᄒᆞᄂᆞᆫ사ᄅᆞᆷ은비로소모ᄃᆞᆫ
샤바안해이시나그신은이믜졍토애잇ᄂᆞᆫ둘
이애알리로다후에부인이난나래화로롤자
바향을ᄉᆞᆯ고관음각을보라셔졍을조손이
빌셔헌슈위의을ᄆᆞᄎᆞᆫ대이믜셰셔화ᄒᆞ더라

梁氏自明傳

唐淸信女梁氏은 括州人也라 宿殃府鍾
로 雙目無見니러 遇僧勸令念佛ᄒᆞ야 一聞敎
誨ᄒᆞ고 係心相續ᄒᆞ니 三年之後애 兩目洞開ᄒᆞ야

無復纖翳ᄒᆞ야 所患旣痊ᄒᆞ거ᄂᆞᆯ 勤苦彌切ᄒᆞ더니 至
貞觀三年二月中ᄒᆞ야 不豫自知ᄒᆞ야 報盡ᄒᆞ니
臨終之時예 合村이 共見阿彌陁佛이 與
諸大士로 幡花降迎ᄒᆞ야 遂終于世라ᄒᆞ니
당젹몰ᄅᆞ신엣녀량세ᄂᆞᆫ괄쥬사ᄅᆞᆷ이라네
앙화의보신바로드ᄂᆞ니보미업더니즁의렴
불권호믈맛나ᄒᆞᆫ번ᄀᆞᄅᆞ치믈드ᄃᆡ고ᄆᆞ음이미
여서ᄅᆞ니스니삼련후개두ᄉᆞ이훤ᄒᆡ뱌ᄂᆞᆫ외여
조고만ᄀᆞ림도업스며근심ᄒᆞ든배이믜업거ᄂᆞᆯ

근고히더욱굳졀ᄒᆞ더니졍관삼년이월에
니르러미리ᄉᆞ겨아디몯ᄒᆞ야셔뵈다ᄒᆞ니무ᄎᆞᆷ몯님
혼시에오온몸이옮히모다아미타불이여러대ᄉᆞ와
로번와곳ᄎᆞ로ᄃᆞ려마쟈드되여세무ᄎᆞᆷ몯보니
라

童女勸母傳

童女은梁郡人也라父子三人이俱修西
方ᄒᆞ되唯母이不修니러女年이十四라死後
七日애却回啓母曰兒은往西方ᄒᆞ야父兄ᄂᆞᆫ

及己이 己有蓮花ᄒᆞ야 後當化生어니와 唯母이
獨無生ᄒᆞᆯ 兒ㅣ 수애 暫歸ᄒᆞ야 相報ᄒᆞ노라 至後ᄒᆞ야
母ㅣ 依見ᄒᆞ야 日念彌陀ᄒᆞ니 四人이 盡得
往生安養ᄒᆞ니라
동녀ᄂᆞᆫ 냥군 사ᄅᆞᆷ미라 아비와 조식과 세 사ᄅᆞᆷ이
다 셔방을 닷ᄀᆞ되 오직 어미 아니 닷더니 ᄯᆞᆯ이 련
이 열 ᄒᆡ 히라 ᄌᆞ굼ᄒᆞᆫ 찰이 ᄅᆡ 도로 도라와 어미게
술와 닐오ᄃᆡ 우ᄂᆞᆫ 셔방의 가시니 아비와 형과
나왜 ᄒᆞ마 련화의 이셔 후에 반ᄃᆞ기 화ᄉᆡᆼᄒᆞ야 날 여

니와 오직 어미ᄒᆞ오ᅀᅡ 업슬ᄉᆡ 이 이제 잠ᄭᆞᆫ 와
설ᄅᆞ 알외노다 ᄒᆞ야ᄂᆞᆯ 후에 ᄂᆞᆯ려 에미 ᄋᆡ의 ᄆᆞ
치 몰브터 날로 미타 온 렴ᄒᆞ니 네 사ᄅᆞᆷ이 다 안
양의 가 나 믈어드니라

屠牛善和十念傳

唐善和ᄂᆞᆫ 殺牛로 爲業ᄒᆞ더니 臨終에 見牛數頭
ㅣ 作人言云ᄒᆞ되 汝殺我ᄒᆞ라 ᄒᆞ야ᄂᆞᆯ 善和ㅣ 大恐ᄒᆞ야
喚妻云ᄒᆞ되 急請僧來ᄒᆞ야 救我ᄒᆞ라 僧至ᄒᆞ야 云
十六觀經說ᄒᆞ되 若人이 臨終애 地獄相이

現지志心로十稱南無阿弥陀佛ᄒᆞ면即得
往生淨土ᄒᆞᆯ랴ᄂᆞᆫ善和ㅣ不暇取香爐ᄒᆞ고即以
左手로擎火ᄒᆞ고右手로捻香ᄒᆞ야面西ᄒᆞ고專
切念佛ᄒᆞ나未滿十聲에乃云我見阿弥陀
佛이從西而來ᄒᆞ샤與我寶座ᄅᆞᆯ言訖而終
당쳑션화ᄂᆞᆫ쇼주기로업ᄒᆞ더니님죵
애보니쇼ᄃᆞ셔머리사ᄅᆞᆷ의말로지어닐오ᄃᆡ
네날올주기니라ᄒᆞ야ᄂᆞᆯ션홰저허겨지ᄇᆡ
ᄃᆞ려피ᄒᆞ야니ᄅᆞ오ᄃᆡᄲᆞᆯ리즁을쳥ᄒᆞ야와날

을구완ᄒᆞ라ᄌᆞᆼ이니르러닐오ᄃᆡ시브류관경
의닐오ᄃᆡᄒᆞ다가사ᄅᆞᆷ이모ᄎᆞᆷ몰별거ᄃᆡ옥샹
이나거든ᄠᅳᆮ모ᄉᆞᆷ으로열번아미타불을일
ᄀᆞᄅᆞ면죽재졍토의가나물어드리라ᄒᆞ야놀션
ᄒᆡ향화로가지ᄌᆞᆯ여가몰ᄒᆞ야주제ᄒᆞᆫᄉᆞ노로
블잡고올ᄒᆞᆫ소노로향을고자ᄎᆞᆯ셔로
ᄒᆞ효오오ᄅᆞᆷ고장부쳐을렴ᄒᆞ니열소리몸
ᄎᆞ마이애닐오ᄃᆡ네아미타불이셔로브터오샤날
로보비좌주믈보로라고말모ᄎᆞ고죵ᄒᆞ니라

觀法

十六觀經修持法門略云ᄒᆞ샤ᄃᆡ齋戒潔已ᄒᆞ며
清心淨慮ᄒᆞ야面西安坐ᄒᆞ야閉目默然ᄒᆞ고觀
想阿弥陀佛真金色身이在西方七寶池
中大蓮花上애坐ᄒᆞ샤其身長은丈六괴兩
眉中間向上애有白毫ᄒᆞ샤右旋轉ᄒᆞ야光明
이照耀紫金色身ᄒᆞ샤ᄂᆞᆯ以停心注想於白毫
ᄒᆞ야更不得妄有分毫他念ᄒᆞ야當令閉目開
目애悉皆見之ᄒᆞ야蓋欲念念不忘也ᄒᆞ리라

십뉵관경슈디법문략애니ᄅᆞ샤ᄃᆡ지계ᄒᆞ야모
몰조히ᄒᆞ며ᄆᆞᄋᆞᆷ을조히ᄒᆞ며분별을조히
ᄒᆞ야ᄂᆞᄎᆞᆯ셔로편안히안자누날바다좀좀코
아미타불진금ᄉᆡᆨ신이셔방칠보못가온
ᄃᆡ큰련곳우희안자겨샤그신댱은쟝륙이시
고 (쟝륙은 열엿자히라) 두눈섭ᄉᆞ이예흰털이이슈ᄃᆡ우로도
라펴광명이블근금빗몸매비최ᄂᆞ니라관
샹ᄒᆞ야ᄆᆞᄋᆞᄆᆞᆯ머므러ᄇᆞᄅᆞ보와혜아려다시
갠머로분터럭만도다ᄅᆞᆫ렴잇디아니ᄒᆞ야바

ᄃᆞ기ᄂᆞᆯ마ᄃᆞ더누ᄂᆞᆯᄯᅳ매다보아렴렴매니ᄂᆞᆫ

게아니호리라

如此久久ᄒᆞ야 念心成熟ᄒᆞ면 自然感應ᄒᆞ야 見佛全身ᄒᆞ리니 此法最上ᄒᆞ니 謂心想佛時即是佛이실ᄉᆡ 又過於口念也ㅣ라

이ᄀᆞᆮ티 오라고 오라 렴심이 이러니 그 면ᄌᆞ연히 감ᄋᆞᆼᄒᆞ며 ᄋᆞᆼᄒᆞ야 부텻 오온 도몰 보리니 이 법이 ᄆᆞᄉᆞ위두ᄒᆞ니 닐온 ᄆᆞᄋᆞᆷ에 부텨을 관ᄉᆞᆼᄒᆞㄹ 베 이 ᄆᆞᄋᆞᆷ이 곳 이 불이ᄅᆞ샤 ᄯᅩ 구념애셔 너므

니라

次觀想觀音菩薩身은紫金色이며手掌은

白蓮花오其天冠中애有一立化佛ᄒᆞ며次

觀大勢至菩薩身은紫金色이며其天冠

肉髻上애有一瓶ᄒᆞ며次想自身이生於西

方極樂世界ᄒᆞ야於蓮花中애結跏趺坐ᄒᆞ야

作蓮花合想開想애見佛菩薩이滿虛空

中ᄒᆞ리라

버거관세음보살신은닐곤금새며손바

닥은훤련교지오그련관ᄌᆞᆼ애ᄒᆞᆫ화ᄒᆞᆫ부
체셔인ᄂᆞᆫ돌관ᄒᆞ야ᄉᆡ치며버거대셔지보살
의모미ᄌᆞ금식이며그련관육계상애ᄒᆞᆫ보
빗ᄉᆡ병이잇ᄂᆞᆫ돌관ᄒᆞ야ᄉᆡᆼ각ᄒᆞ며바거내모
미셔방극락세계예나련곳가온ᄃᆡ가부좌ᄅᆞᆯ
결ᄒᆞ야련교치ᄃᆞ외여어우러혜아리며ᄑᆞ여
혜아리매부텨와보살왜허공가온ᄃᆡ ᄀᆞᄃᆞᆨ
ᄒᆞᆫᄃᆞᆯ보리라

稱讚疏云如何口念心思皆即得往生西

方淨土오 答曰心則緣佛境界하야憶持不忘하고口則稱佛名号하야分明不亂케如是心口內外相應하야若念一句阿弥陀佛하면能滅八十億劫生死之罪하고成就八十億劫殊勝功德하리니一句尚爾어든何況十句百句千句萬句이ᄯᆞᆫ如是一日一月一年一生을行住坐卧晝夜애精勤하면何罪垢而不消忘하며何功德而不增長하며何因으로不往極樂國하며何緣으로不見弥陀佛이리오

칭찬소애닐오ᄃᆡ엇뎨이비념ᄒᆞ고ᄆᆞᄋᆞ매
ᄉᆡᆼ각ᄒᆞ야즉제셔방졍토애가나ᄆᆞᆯ어들
요ᄃᆡ답ᄒᆞ야닐오ᄃᆡᄆᆞᄋᆞ매부쳐ᄯᅩ올련ᄒᆞ야
ᄉᆞ어ᄒᆞ야디티닛디아니ᄒᆞ뇨이ᄇᆡᆫᄂᆞᆫ부터명
호올일ᄏᆞ라분명히어조지아니ᄒᆞ머니
이몬티ᄆᆞ옴과입패안ᄲᅡᆫ글설르ᄋᆞᆼᄒᆞ야
ᄒᆞ다가ᄒᆞᆫ구나아미타불을렴ᄒᆞ면ᄅᆞᆼ
히팔십억겁의ᄉᆡᆼᄉᆞ죄ᄅᆞᆯ멸ᄒᆞ고팔
십억겁의슈승ᄒᆞᆫ공덕을일우리니

호구도오히려그려ᄒᆞ곤엿디ᄒᆞ믈며시부ᄭᅴ
며빅귀며쳔구여만귀ᄯᅧ녀이ᄀᆞᆮ티ᄒᆞ야ᄒᆞ
날이어나ᄒᆞᆫ돌이어나ᄒᆞᆫ히어나ᄒᆞᆫ시싱을
힘ᄒᆞ여듀ᄒᆞ여안조며누우매낫밤애졍히
ᄇᆞ조런이ᄒᆞ면어ᄉᆞ던죄ᄲᅴ롤스ᄅᆞ리ᄂᆞᆫ더몰
ᄒᆞ며엇던풍덕이더기디아니며엇던인으
로극락국애아니나며엇던연으로미
타불을몯보리오

引證

藥師經云若淨信男女이有能受持八分齋戒ᄒᆞ야或經一年ᄒᆞ며或三月ᄒᆞ야以此善根로願生西方極樂世界ᄒᆞ되有未定者이若能聞我藥師瑠璃光如来名号ᄒᆞ면臨命終時애有菩薩이乘神通來ᄒᆞ야示其道路ᄒᆞ야即於西方極樂世界宝蓮花中에自然化生ᄒᆞ리다ᄒᆞ시다

약ᄉᆞ경의닐오ᄃᆡᄒᆞ다가조ᄒᆞᆫ신심잇ᄂᆞᆫ남이어나녀ᄌᆡ어나능히팔관ᄌᆡ계ᄅᆞᆯ바다디녀시혹

ᄒᆞ히지나거나시ᄒᆞ옥셔ᄀᆞᆯ디나이션근을로
셔방극락셰계예나믈원ᄒᆞ더ᄒᆞ귀일뎡
몯ᄒᆞᄂᆞᆫ사ᄅᆞᆷ이ᄒᆞ다가능히나야ᄉᆞ류리
광여리면ᄒᆞ오롤들으면명목출시켜리이
념ᄒᆞ매여드레보살이이셔셔풍을타와
그길ᄒᆞᆯ뵈야즉제셔방극락셰계보빗
련곳둥애ᄌᆞ연히화ᄒᆞ야나리라ᄒᆞ시며
隨羅尼經애云諸佛子等이若聞阿彌陀
佛名号ᄒᆞ면能令汝等로往生西方極樂淨

土ᄒᆞ야 蓮花애 化生ᄒᆞ야 得不退地ᄒᆞ리리 ᄒᆞ시리라
다라니경애 닐오ᄃᆡ 졔불ᄌᆞ돌히 ᄒᆞ다가 아
미타불 염ᄒᆞ고 ᄯᆞᄅᆞ면 능히 려ᄒᆡ돌ᄒᆞᆯ
셔방졍토애 나련곳채 화ᄒᆞ야 나믈려나디
아니ᄒᆞ논 ᄯᅡ흘 어드리라 ᄒᆞ시니라

以此

同念彌陁齊登樂岸同種善因共成佛道願與萬之千之同結成佛正因何以故萬之千之人中豈無一人最成佛道一人

若先成道萬々千々盡於言下得證萬々
千々既各得證亦各教化萬々千々悉令
成道如是展轉普與盡法界同成無上佛
果菩提

勸念要錄 終

崇德三年戊寅秋七月初吉慶尙道[illegible]
[illegible]開刊

自施利 海淳 比丘